中世武士選書 33

足利義稙

戦国に生きた不屈の大将軍

山田康弘 著

戎光祥出版

はしがき

かつて戦国時代の足利将軍については、「もはや権力をうしない、重臣たちの傀儡《かいらい》（＝ロボット）になってしまった」などと評価されてきた。しかし近年、戦国時代の足利将軍に関する研究は少しずつではあるが着実にすすんでおり、その結果、右のような評価は誤りであることがしだいに明らかにされつつある。戦国時代の将軍たちは、決して傀儡ではなかったし、決して無力でもなかった。

ところが一般には、「戦国時代の足利将軍は、無力で無能であった」という評価が依然として定着しつづけている。この原因についてはいろいろなことが考えられるのだが、そのひとつに、戦国時代における個々の将軍たちを紹介した本がほとんどなく、そのため、将軍たちの人となりが一般に知られず、いわば「顔が見えない」状態のままになっている、ということがあるように思われる。

そこで本書では、戦国時代前半に活躍した足利将軍（第十代将軍）である足利義稙《よしたね》をとりあげ、彼の生きざまを紹介していきたいと思う。

足利義稙は、戦国時代を懸命に生き、いくども挫折しながらそれでもあきらめずに戦いぬいた「闘将」であった。彼は、若くして第十代将軍の栄位にのぼり、多くの大名たちを率いてみずから最前線で戦い、赫々《かっかく》たる武勲をあげた。ところが、その後家臣に裏切られてこの栄位から転落し、以後、北陸や中国地方をさまよい、忍従をしいられた。だが、その後思いがけないチャンスをつかむや、たちまち将軍の栄位に返り咲き、以後は優《すぐ》れた政治手腕を発揮して十年以上にもわたって大名たちの上に君臨し、戦国動乱の時代に一定の平和をもたらした。ところが、その後支柱とする家臣と不和になり、ふたたび将軍の栄位から転《ころ》げ落ちていく――。

まさに義稙の人生は、「急上昇」と「急降下」のくり返しであった。しかもこの間、将軍の身でありながら逮捕されたり、毒殺されかかったりしたこともあった。また、大嵐のなかを脱獄したこともあったし、夜中に刺客《しかく》に襲われ、みずから剣をふるってこれを撃退する、といった危難に遭遇したこともあった。「波瀾万丈《はらんばんじょう》な生涯」とは義稙の人生のことをいうのであり、彼の人生にくらべれば、織田信長や豊臣秀吉の生涯ですら平穏無事な退屈な人生にみえてしまう。

しかし義稙は、一般にはほとんど知られていない。相当の「歴史好き」であっても、足利義稙という名をきいてどのような人物かを思い起こすことのできる人は、あまりいないであろう。

そこで本書では、義稙が戦国動乱のなかでいかにして生き、そしてなにに苦しみ、どのような敵にいかにして立ち向かっていったのか――こういったことをわかりやすく描いていきたいと思う。戦国時代を懸命に生き、いくども挫折し、苦悶しながら、それでもあきらめずに挑戦しつづけた義稙の人生を知ることは、きっとわれわれに挑戦する勇気をあたえてくれよう。また、義稙の人生を知ることは、とかく現代では「無力・無能であった」といわれる戦国時代の将軍たちが「本当はどのような人びとであったのか」ということを知る手がかりもあたえてくれるにちがいない。

なお、足利義稙は最初「義材《よしき》」と名のり、次いで「義尹《よしただ》」と改名し、そして最後は「義稙《よしたね》」と名のった。だが本書では、煩雑さを避けるために名前の表記は「義稙」で統一している。また本書は、足利義稙の生涯を描くことを主目的としているので、「戦国時代の足利将軍とは、そもそもどのような存在であったのか」といった、戦国期将軍をめぐる本質的な問題についてはほとんど論じていない。こういった問題に関心のある読者は、拙著『戦国時代の足利将軍』（吉川弘文館、二〇一一年）をあわせてお読みいただければと思う。

二〇一六年四月一日

山田康弘

※戦国武将たちはしばしば名前を変えたが、本書では煩雑さを避けるため、原則として一般的に知られている名前で統一して表記している。また、名前の読み方はむずかしく、本書では一応名前に振り仮名をつけているものの、それはあくまで一般的に知られている読み方にすぎない、という点をご承知おき願いたい。

足利将軍家の略系図

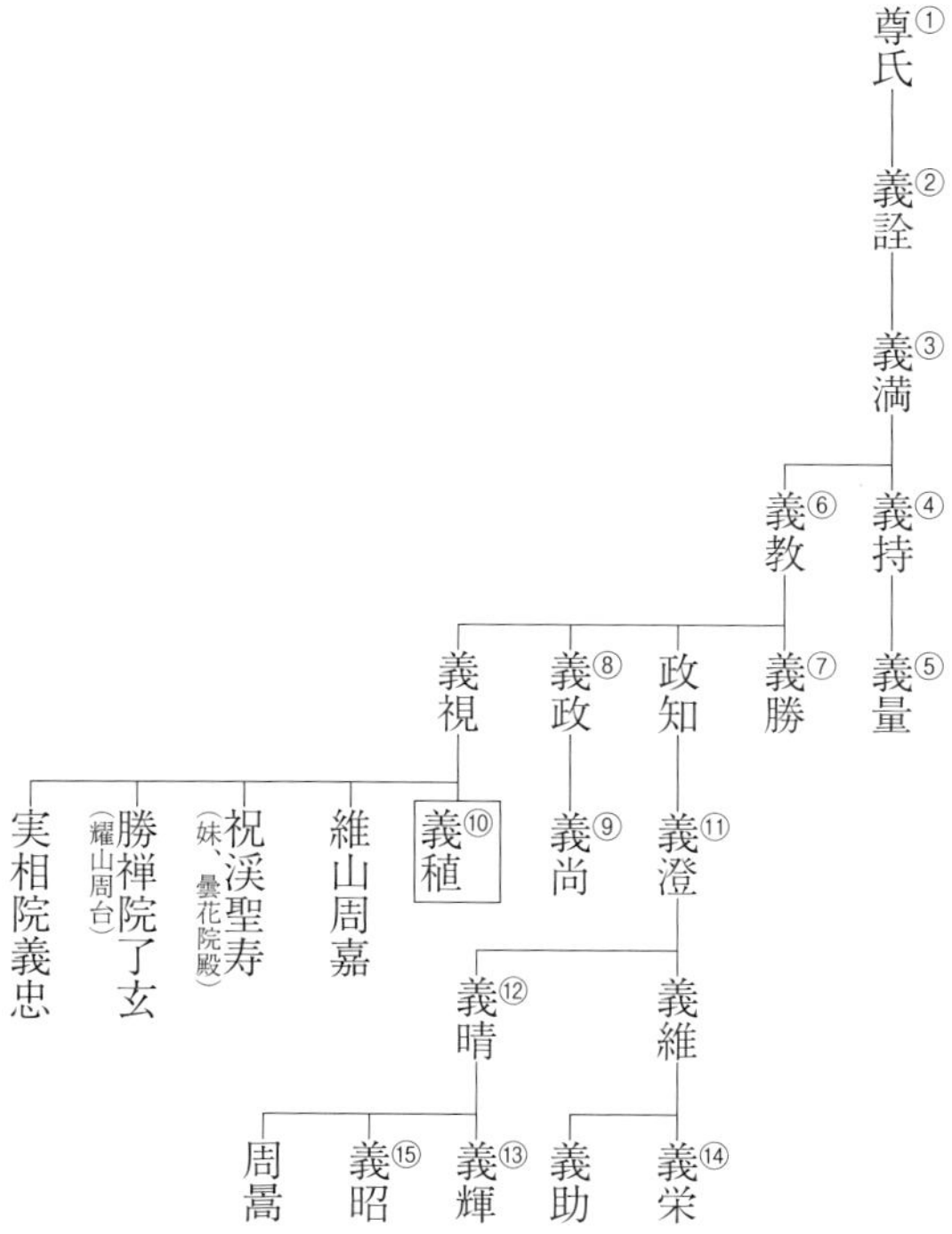

①尊氏
②義詮
③義満
④義持
⑤義量
⑥義教
⑦義勝
政知
⑧義政
義視
⑨義尚
⑪義澄
⑩義稙
維山周嘉
祝渓聖寿（妹、曇花院殿）
勝禅院了玄（耀山周台）
実相院義忠
⑫義晴
義維
⑬義輝
⑮義昭
周暠
⑭義栄
義助

目次

第Ⅰ部　思いがけなかった将軍の地位

義稙の人生を大きく左右することになる、伯父の８代将軍・足利義政
京都市・等持院蔵

第一章　応仁・文明の乱はなぜ起きたのか

戦国時代の足利将軍はどのような存在であったのか

　戦国時代（本書では、「応仁・文明の乱」（一四六七～七七年）以降を「戦国時代」としておく）の日本列島では、後の「天下人」のような全体を統括する強力な権力者はまだ存在しておらず、武田信玄《たけだしんげん》や上《うえ》杉謙信《すぎけんしん》といった大名（戦国大名）たちが、それぞれ一定の支配地域＝「領国」を有し、列島各地に割《かっ》拠《きょ》していた。そしてこれらの大名たちは、今日における主権国家の政府と同じように、その領国内ではみずからを「最高の存在」と位置づけていかなる上位者も認めず、領国の外では生き残りをかけて近隣の大名たちと対立し、血みどろの戦いを展開していた。

　しかし、大名たちは戦争ばかりしあっていたわけではなかった。

大名たちは「礼《れい》」と呼ばれる一定のルールのもとに、近隣の大名たちとたがいに書状や贈り物のやりとりなどをしながら交際していたのであり、そして彼らは、こうした交際＝外交活動をつうじて近隣の大名たちと相互に信頼を確認しあい、協調しあってもいた。戦国時代でも大名同士の関係は、対立よりも協調しあっていた期間のほうがずっと長く、織田信長が活躍した戦国最末期をのぞけば、多数の戦死者が出るような大戦争などは、めったに起きなかった（山田邦明、二〇〇六年、一一二頁）。

戦国時代後半における足利将軍の御所（京都）　米沢市上杉博物館蔵

したがって、戦国時代といっても意外に平和であった。われわれ現代人は、戦国時代というとすぐに「対立」や「戦争」といった、異常でドラマチックな場面ばかりに注目し、これを過度に強調してしまう傾向がある。だが、実際の戦国時代には「戦争」だけでなく、「協調」「平和」という側面もまたあった、ということを見逃してはならない。

また、戦国時代になると大名たちは、足利将軍に頼ることなくおのれの実力でその領国を支配するようになっていた。それゆえ大名たちは、将軍の命令をしだいに軽視し、これを遵守《じゅんしゅ》しなくなっていった。しかし、大名たちが将軍の命令をすべて無視していた、というわけでもなかった。

大名たちにとって将軍は、たとえば他大名との外交を有利にすすめていくうえでまだまだ多くの利用価値があった。そのため大名たちは、正月や歳末といった季節ごとに贈り物を将軍に献じて誼《よしみ》をつうじようとはかり、また将軍家への献金といった、自分たちの死活的利益をおかさないような将軍の命令については、意外に多くの大名がこれに応じていた。

さらに、大名たちは形式的とはいえなお将軍を「主君」と認めて一定の敬意をはらっており、たとえば彼らは、将軍から偏諱《へんき》（＝名前の一字）をもらってこれを自分の名前につけることを欲していた。武田信玄の本名「晴信《はるのぶ》」が第十二代将軍足利義晴《よしはる》の「晴」の字をもらったものであり、上杉謙信の本名「輝虎《てるとら》」が第十三代将軍である足利義輝《よしてる》の「輝」の字をもらったものであることはよく知られていよう。

このように戦国時代といっても足利将軍は、大名たちから決して無視されていたわけではなかった。もちろんこの時代の足利将軍が、後の豊臣秀吉や徳川家康のごとく「天下人」として大名たちを強力に統制していたわけではなかった。だが、将軍は大名たちに対してなお一定の影響力を保持していたのであり、したがって「戦国時代になると将軍は、まったく無力となり、京都だけしかその威令がおよばなかった」といった説は、あきらかに誤りである。

各地に割拠する戦国大名たちは、いかに強勢をほころうとも、しょせんは各々の領国とその周辺だけの存在であった。大名たちは近隣の大名とはさかんに交流しあっていたが、遠方の大名たち、たとえば九州の大名と北陸の大名たちとでは、ほとんど交流がなかった。しかし、足利将軍はそうではなかった。将軍は九州の大名とも北陸の大名たちともつき合いがあったのであり、そうした点からいえば、将軍は戦国時代においてもなお「全国的」な存在であったといってよい。この点が将軍の大きな特徴であり、そしてここに、戦国期日本の「全体像」を考える際、将軍をくみこんだ議論が必要不可欠である理由がある。足利将軍をどう位置づけていくのか、といった議論をなくして、戦国期日本の全体像はわからない（以上、山田康弘、二〇一一年）。

　さて、こうした戦国時代における足利将軍のひとりが、本書の主人公たる足利義稙《よしたね》であった。彼は、応仁・文明の乱（応仁の乱）が起きる前年にあたる文正《ぶんしょう》元年（一四六六）七月三十日に生まれた（『後法興院記』文正元年七月三十日条ほか）。

　父は、八代将軍足利義政《よしまさ》の異母弟である足利義視《よしみ》であり、母は、義視正室の日野《ひの》氏であった（公家の日野勝光《かつみつ》の妹）。ちなみに、義稙の生母であるこの日野氏は、将軍義政の御台所《みだいどころ》（＝正室）である日野富子《とみこ》の同母妹にあたった（系図1）。また、この日野氏はその死後の延徳《えんとく》三年（一四九一）に、当時すでに十代将軍となっていた義稙の生母ということで朝廷から従一位の位を贈られており、その際に「良子」という名をつけられている（『尊卑分脈』、『拾芥記』延徳三年七月十一・二十三日条ほか）。なお、義稙の生母であるこの日野良子の没年は未詳だが、比較的早くに亡くなったらしく、義稙が五歳であった文明二年（一四七〇）に没したという記録もある（東京大学史料編纂所架蔵影写本『耳塵集』）。なお、年齢は数え年。以下同じ）。

　ところで、義稙が生まれた文正元年という年は、義稙にとっては伯父にあたる八代将軍足利義政の治世にあたった。

　義政といえば、「政治への関心をうしなって趣味の世界に

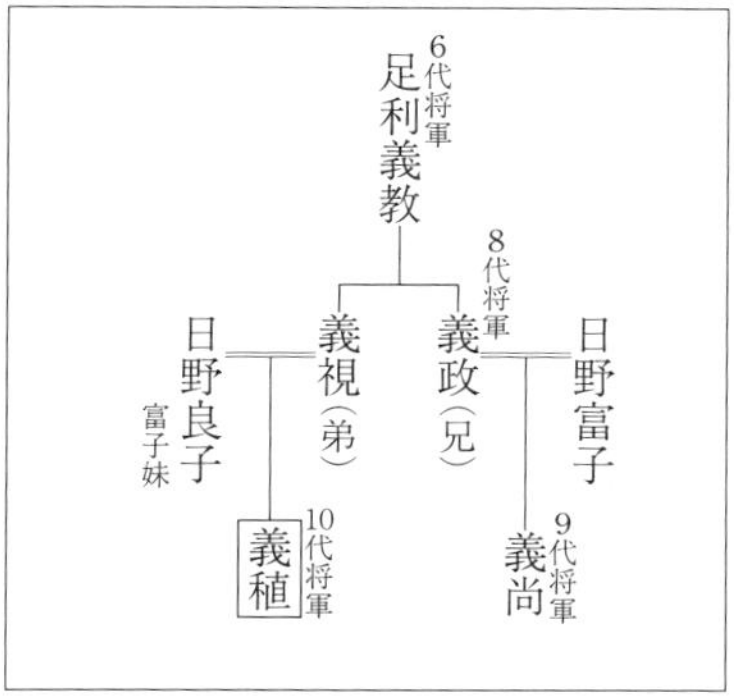

系図1　義稙とその近親者の関係図　義稙の母は日野富子の妹であった

没頭し、応仁・文明の乱を引き起こしてしまった「希代《きだい》の暗君《あんくん》」として現代ではすこぶる評判が悪い。だが、このような義政に対する評価はかならずしも正しいものとはいえず、後に本書でしだいに明らかにしていくように、義政という人は現代での世評とは裏腹に、むしろ政治や権力につよい関心をもちつづけていた将軍であったように思われる。この義政は、本書の主人公である義稙の人生を大きく左右していくことになるので、以下、義政と彼の治世についてふれることからはじめよう。

八代将軍義政はなぜ政治を主導できたのか

義稙の伯父である八代将軍足利義政は、永享《えいきょう》八年（一四三六）正月二日に生まれた。父は第六代将軍の足利義教《よしのり》であり、この義教は、将軍権力の確立をめざして反対者をつぎつぎに処罰し、「万人恐怖す」といわれた恐怖政治を推進したことで知られている。しかし、こうした恐怖政治は当然ながら恨《うら》みをかうことになり、嘉吉《かきつ》元年（一四四一）六月に義教は、重臣の赤松満祐《あかまつみつすけ》によって殺害されてしまった。いわゆる「嘉吉の変」である。

その後、殺された将軍義教の跡目《あとめ》は、その息子である足利義勝《よしかつ》（義政の同母兄）がわずか八歳で継ぐことになった。だが義勝は、まだ幼少であったことから政務をになうことはできない。それゆえ、将軍家の重臣筆頭である「管領《かんれい》」の地位にあった有力大名の細川持之《ほそかわもちゆき》や畠山持国《はたけやまもちくに》らが、幼少の将軍義勝の代理を交替でつとめ、政治を主導していくことになった。

こうして七代将軍義勝の治世がはじまったが、この義勝は、それから二年後の嘉吉三年にあっけなく病死してしまった。そこで、義勝の同母弟である足利義政が兄のあとを継ぐことになった。ただし、この義政もまだ幼童（八歳）であったことから自分では政務をになうことはできず、それゆえ義政が成人するまでは管領が、引きつづきその代理をつとめていくことになった。義政の幼少期に管領の任にあったのは畠山持国と細川勝元《かつもと》（持之の子）の二人であり、彼らが、交替で管領となって年少の義政にかわって政務をにない、そして「義政の意向をうけたまわった」という形式をもつ公文書を作成したうえ、これに管領の花押《かおう》（＝サイン）を書き入れることで将軍の公式命令を下していった。

さてこうして嘉吉の変後、義勝や義政の幼少期は管領がその代理をつとめ、大名たちを率いていくことになったのだが、この代理を最初につとめることになった管領の細川持之は、代理の仕事につよい不安を訴え、「御少年の時分のあいだ、管領下知《げち》、人々所存如何《しょぞんいか》に。心元無《こころもとな》し（＝将軍が幼いので、大名たちは管領の命令に従わないのではないか。心もとないことだ）」（『建内記』嘉吉元年七月二十六日条）と嘆《なげ》いた。なぜだろうか。

これは、嘉吉の変という未曽有《みぞう》の事件直後でまだ混乱がつづいていたうえ、将軍家の重臣筆頭たる管領といえども、あくまで大名たちと同じ「将軍の一家臣」にすぎなかったからだと考えられる。そうした家臣の立場で将軍にかわって大名たちを率いていくことは、なかなか容易なことではなかった。というのは将軍には、大名たちの「主君」としてその身に備わった権能があり（たとえば、大名たちに対する軍事指揮権など）、そうした権能は、臣下である管領では代行することができなかったからにほかならない（佐藤進一、一九九〇年、一一七～一二〇頁）。さすればここに、管領細川持之のつよい不安の一因があったといえよう。

そこで、管領が幼い将軍の代理をつとめるにあたっては、せめて「主筋」たる足利将軍家一門の者がこれを補完することが求められることになり、義勝・義政の生母として当時将軍家を代表するような立場にあった日野重子《しげこ》が、管領の執政を後見することになった（ちなみにこの重子は、後に義政の御台所となる日野富子の祖父の妹にあたる）。こうして義政の幼少期は、日野重子の後見のもと、管領が幼少の義政の代理として大名たちを率いていく、ということになった。

このような体制のもとで義政は無事成長し、その後彼は、宝徳元年（一四四九）に十四歳に達すると元服《げんぷく》（＝成人）して朝廷から征夷大将軍（八代将軍）に任じられた。もっとも、これによって将軍義政がただちに政治の中心に立ったわけではなかった。この後も「生母である日野重子の後見のもとで、管領となった細川や畠山といった有力大名が政務をになう」というこれまでの体制がしばらく維持されていった。つまり義政は成人しても、生母や管領たちによってその活動をおさえられていたわけであった。

とはいえ、成人した将軍義政は自分の意思を積極的に表明するようになり、そしてしだいにこの義政の意思は、大名たちのあいだで尊重されはじめ、生母や管領たちもこうした傾向を完全には抑止できなくなっていった。大名たちにとって「主君」とは、あくまで将軍義政その人であった。そしてそうである以上、大名たちが、将軍生母や重臣の管領よりも義政の意思を尊重するようになったのは当然といえよう。よく「重臣が主君の権力をうばい、主君を傀儡《かいらい》（＝ロボット）にしてしまった」などといわれることがあるが、そのようなことは現実にはそう簡単なことではない。主君が幼少であるならばともかく、すでに成人してその意思を表明できるのであれば、主君の意思が家臣たちのあいだで影響力をおよぼしてくることを完全にゼロにする、ということは、いかに重臣といえども困難であった。

ただし、将軍義政の意思がしだいに影響力をもちはじめていったのは、単に義政が「主君であったから」ということだけでなく、管領をはじめとする有力大名たちが、義政を十分に牽制《けんせい》できなくなっていたこともその大きな理由のひとつであったと思われる。

そもそも、室町時代の政治というのは「将軍と大名たちとが、相互に牽制しあうことでバランスをはかっていく」という仕組みになっていた。これはなにも室町時代だけのことではない。日本では古代以来、専制を志向する君主（天皇や将軍）と、これを抑止・牽制するさまざまな臣下の合議体（貴族や御家人、あるいは大名たちの連合体）とがたがいに牽制しあうことで政治的バランスが保たれる、という仕組みになっていた。そして室町時代では、大名たちの連合体が将軍を牽制してバランスをはかっていく、ということになっていたのである（佐藤進一、一九九〇年、三二四頁）。

ところが将軍義政が成人したころ、この大名たちの連合体が将軍を十分には牽制できなくなっていた。なぜだろうか。

この原因のひとつは、大名たちが二つの派閥に分裂し、たがいに抗争しはじめていたことにあった。将軍義政が成人したころの最有力大名であったのは、畠山持国と細川勝元であった。そしてこの二人は、管領の地位を交替でつとめながら将軍義政がまだ幼少であったころはこれを支えた。だが、その後この両者はしだいに対立するようになり、それにともなってほかの大名たちも、それぞれ畠山派・細川派にわかれて抗争した。この結果、「大名たちが全体としてまとまり、将軍義政を牽制してバランスをはかっていく」ということがしだいに困難になっていった。

またもうひとつの原因として、有力大名家につぎつぎと家督抗争の内紛が発生したことがあげられる。すなわち、有力大名の畠山氏や斯波《しば》氏などにおいて、次期当主の地位をめぐって一族・家臣たちがはげしく対立しあうという内紛が長期にわたってつづいた。この結果、大名たちの勢威が全体として大きく低下し、もはや将軍義政の意思を十分には牽制できなくなっていたのだ。

こうして、将軍義政は大名たちから牽制されることが少なくなり、それにともなって彼は、しだいに自由に政治を左右する立場を獲得していった。義政の政治的立場は絶頂期をむかえつつあったわけであり、この時期の政治を「義政専制《せんせい》」と呼ぶ研究者もいる（百瀬今朝雄、一九七六年）。

そして将軍義政は、このような絶頂期のなかで、突如として弟の足利義視《よしみ》を事実上の後継者にすえていくのであった。いったいなぜ義政は、こうした決断を下したのであろうか。

将軍義政はなぜ後継者を決めたのか

本書の主人公である義稙の父足利義視は、永享十一年（一四三九）閏正月十八日に第六代将軍義教《よしのり》の子息として生まれた。兄の義政とは三歳違いということになる。生まれてすぐに公家の正親町三《おおぎまちさん》条《じょう》家に養子に出されたが、その後出家して京都にある浄土寺《じょうどじ》という寺の僧侶となり、「義尋《ぎじん》」と称した。そして寛正《かんしょう》五年（一四六四）の末、二十六歳になっていた義尋は、兄である将軍義政の命令によって還俗《げんぞく》（＝僧から俗人にもどること）して「足利義視」と名のり、朝廷から「左馬頭《さまのかみ》」の官位をもらって事実上義政の後継者にすえられていった。

ちなみにこの左馬頭という官位は、足利将軍家の全盛期を築いた三代将軍義満《よしみつ》が最初にこれに任官したことから、武家社会では、足利将軍または将軍後継者のみが任官する特別な官位とされていた。それゆえ、室町〜戦国期末をつうじていかなる強豪大名といえども、これに任官したり自称したりすることは原則として控えたという（木下聡、二〇一一年、第一部第一章）。

義稙の父である足利義視の花押

足利義視はこのような由緒《ゆいしょ》ある左馬頭に任官したのであり、さらに彼は、翌年の寛正六年十一月には参議となり、その年の末には従三位・権大納言、翌年の文正元年正月には従二位に昇進し、兄である将軍義政に次ぐ、文字どおり武家ナンバーツーの高位にのぼった（『公卿補任』ほか）。また彼は、寛正六年七月に将軍義政の御台所である日野富子の同母妹良子を娶《めと》り（『大乗院寺社雑事記』寛正六年七月二十六日条）、翌文正元年七月にはこの良子に子息が生まれた。この子息こそ、本書の主人公である足利義稙その人なのであるが、その活躍について詳論することは、もう少し先の楽しみにとっておくことにしよう。

ところで将軍義政は、なぜこの時期に弟の義視を事実上の後継者にすえたのであろうか。

おそらくこれは、従来からしばしば指摘されているように、将軍義政の後継者問題が関係していたと思われる。将軍義政は、寛正五年当時まだ二十九歳と若く、これから男子が生まれる可能性は十分にあった。実際、翌年の寛正六年七月には側室から男子が生まれ（この男子は、後に出家して同山等賢《どうざんとうけん》と名のり、天龍寺香厳院《てんりゅうじきょうげんいん》の僧侶となった）、その後も、同じ寛正六年十一月に御台所である日野富子から後に九代将軍となる嫡男の義尚《よしひさ》が生まれ、応仁二年（一四六八）三月には富子からさらに男子が生まれた（この男子は、後に出家して義覚《ぎかく》と名のって三宝院《さんぼういん》門跡になった）。

しかし、将軍義政が義視を事実上の後継者にした寛正五年当時は、義政にはまだ男子がおらず、この時点では今後男子が生まれるかどうかも明らかではなかった。また、もし男子が生まれたとしても無事に成長するとはかぎらず、仮に無事に成長したとしても成人までには長い時間がかかり、その間、将軍義政がもし急死するようなことになれば、政治的混乱の現出は必至であった。

そうしたことから将軍義政は、さしあたって後継者を決めておく必要にせまられたのではないかと思われる。なお、この点を考えるうえで次のようなエピソードが参考になるかもしれない。

これより二十年ほど後の延徳《えんとく》三年（一四九一）二月、有力大名細川一門の惣領《そうりょう》であった細川政元《まさもと》（勝元の子）は、宗教に傾倒《けいとう》し、近臣らとともに北国へ巡礼の旅に出かけようとした。ところが、このとき細川政元には後継者となるべき男子がおらず、それゆえ、旅先で政元の身に万が一のことがあった場合、後継者問題が起こりかねなかった。そこで細川政元と一門の面々は、政元が北国に旅立つ前に急きょ摂関家九条《くじょう》家から三歳になる男子を養子にもらい、これをさしあたっての後継者に定めておく、ということをしていた（『後法興院記』延徳三年二月十三日条）。ここからは、「万一の場合にそなえ、前もって後継者を定めておくのは当然だ」との認識のあったことがうかがわれよう。

おそらく将軍義政も、同じような認識のもとに弟の義視を後継者にすえたのではないかとみられる。もちろん、後継者を事前に定めておくことにはリスクもあった。たとえば、後継者を決めた後に当主に実子が生まれて「お家騒動」になってしまうことや、後継者を前もって定めたことで当主の求心力が低下したり、後継者が野党的勢力の結集核になってしまう、ということもあった。しかし将軍義政は、後継者を未定のままにしておくことはより大きなリスクがある、と判断し、弟の義視の起用を決断したのであろう。

ただし将軍義政は、義視を後継者にすえたとはいえ、自分が健在なうちは義視に将軍位を譲るつもりはなかったか（嫡男の義尚《よしひさ》が無事に成長すれば、おそらく将軍位はそのまま彼に譲るつもりだったと思われる）、仮に将軍の地位を義視に譲るにしても、その実権はそのまま自分で掌握しつづけるつもりだったのではないかと思われる。

というのは、このころ将軍義政は、東山山荘《ひがしやまさんそう》（後の慈照寺《じしょうじ》、いわゆる「銀閣寺」）の建設を思いたち、義視を還俗させた翌年の寛正六年十月には山荘の建設予定地を決定するなど、山荘建設につよい意欲をみせていたからにほかならない（『蔭凉軒日録』寛正六年十月九日条ほか）。こうした山荘の建設には莫大《ばくだい》な費用がかかり、そのような費用を工面するためには、権力者の座にいなければならない。権力

義政が建設した東山山荘（現在の慈照寺）　京都市

者のもとにこそカネは集まってくるのであって、隠居して権力をうしなった者にはカネは入ってこないからである。さすれば東山山荘の建設に意欲をみせ、したがって莫大な資金を必要としていた当時の将軍義政が、権力者の座を義視に完全に譲渡しようとしていたとはやや考えにくい、といえよう。

さてこうして義視は、兄の将軍義政によってその後継者とされていった。この兄弟は仲がよかったらしく、この後しばしば宴会をともにして酒を痛飲している（『蔭凉軒日録』寛正六年六月十三日、七月十一日条ほか）。だが、将軍義政が義視を起用したことは、この兄弟の仲を引き裂くきっかけとなってしまった。というのは、この直後に「応仁・文明の乱」が起き、将軍義政・義視兄弟もこれに巻きこまれたからにほかならない。では、なぜ応仁・文明の乱は起きたのであろうか。

応仁・文明の乱はなぜ起きたのか

将軍義政は、その幼少期には生母や有力大名である管領によってその政治活動をおさえられていたが、成人後は活発にみずからの意思を表明するようになり、そしてこの義政の意思は、しだいに大名たちのあいだで影響力をもちはじめていった。そのうえ、将軍を牽制して政治的バランスをはかっていく大名たちの連合体が派閥抗争などで勢威を低下させたこともあって、将軍義政の政治的立場は、その後上昇して「義政専制」とでも呼ぶべき状況が生み出されていった。こうしたなかで将軍義政は、さらなる政治的立場の強化をめざして大名たちへの抑圧姿勢をつよめていった。

たとえば将軍義政は、大名たちに対して「押領している寺社本所《じしゃほんじょ》領（＝寺社や公家《くげ》たちの領地。いわゆる荘園）を元の領主に返還せよ」とさかんに厳命した。このころ多くの大名たちは、寺社本所領を押領し、これを自分たちの重要な経済的基盤のひとつとしていたから、もしこれら寺社本所領を元の領主である寺社・公家に返還する、ということになれば、大名たちが大きな打撃をこうむることは必至であった。また寺社本所領は、大名たちのみならずその被官《ひかん》（＝広い意味での家臣）らもまたこれを押領していた。したがって、将軍義政が大名たちに対して寺社本所領の返還を厳命すれば、これを遵守しようとする大名たちと、抵抗しようとする被官たちとのあいだに軋轢《あつれき》が生じ、それによって大名家の勢威を減退させられる可能性があった。こうしたところに義政のねらいがあったといえよう。

さらに将軍義政は、大名の有力な被官たちと、大名の頭越しに直接手を結ぼうとした。大名の有力被官のなかには「大名の支配下から少しでも脱したい」という考えをもった者もあったから、将軍義政は、そうした有力被官と連携することによって大名家中に楔《くさび》を打ちこみ、大名側に圧力をかけようとしたわけであった。

また将軍義政は、畠山氏や斯波《しば》氏といった有力大名家の家督抗争にしばしば介入した。

そもそも足利将軍は、大名たちの「主君」として大名家の次期当主を決定する権能を有している、と当時みなされていた。とはいえ、実際には将軍が大名家の次期当主を勝手に決められたわけではなかった。大名家の次期当主は、大名家の一門や重臣たちの意向で実質的には決定されたのであり、一門・重臣たちの意見がまとまっている場合、将軍といえどもこれをくつがえすことは困難で、単に追認するにすぎなかったのである（佐藤進一、一九九〇年、一三九～一四〇頁）。

ただし、大名家の一門・重臣たちのあいだで意見がまとまらず、たとえば彼らが次期当主をめぐって二つに分裂している、といったような場合は、将軍の意向はそれなりに大きな意味をもつことになった。というのは、大名たちの「主君」たる将軍の意向は、対立する二人の大名家当主候補のどちらが「正統（正当）」であるかを示す根拠となりうるものであり、それゆえ大名家の一門や重臣、さらには周辺の大名たちの動向に少なからぬ影響をあたえたからにほかならない。

したがって、将軍の意向がめまぐるしく変転したりすると、次期当主をめぐる大名家の分裂抗争が混乱し、泥沼化する一因になりえた。そこで将軍義政は、大名家に勢力の拮抗《きっこう》する次期当主候補が二人あらわれて対立しはじめると、あるときはそのうちの一方を、またあるときはもう一方のほうを支持し、これによって家督抗争をあえて（または結果的に）混乱させて有力大名家の勢威をたくみに削《そ》いでいった。このころの将軍義政の政治行動は、なかなか巧妙であったといってよかろう。

ところで、この時期の将軍義政に側近として近侍していたのが、伊勢貞親《いせさだちか》という人物であった。彼は、鎌倉時代以来代々足利氏につかえてきた将軍直臣伊勢氏の当主であり、この伊勢氏は、将軍家の御料所《ごりょうしょ》（＝直轄領）を管理したり、京都内外で発生した金銭貸借や土地売買といった経済関係の訴訟の裁判をおこなう将軍家の「政所《まんどころ》」という機関の長官（「頭人《とうにん》」という）を世襲する特別な家であった。そこで伊勢貞親も、伊勢氏当主として政所頭人の要職に就任して活躍したが、彼はそれだけにとどまらず、将軍義政から絶大な信頼をうけて政務全般にわたってさまざまな助言を上申し、義政を補佐していった。大名抑圧を基調とした将軍義政の政治は、この伊勢貞親によって支えられていたといっても過言ではない（百瀬今朝雄、一九七六年）。

しかしこうした将軍義政の「専制」的姿勢は、しだいに大名たちのはげしい反発を呼び起こすところとなった。先にも述べたように、室町時代では「将軍と大名たちとが、相互に牽制《けんせい》しあうことで政治的バランスをはかっていく」ということになっていたから、これに反する将軍義政の「専制」が、大名たちの反発をうけたのは当然といえよう。

この結果、これまで派閥抗争をくり返していた大名たちは、将軍義政とその一派（伊勢貞親ら）という「共通の敵」を前にしだいに団結していった。

将軍義政を支えた伊勢貞親の花押

そもそも、古代ギリシャの歴史家トゥキュディデスが述べているように、「共通の敵」の存在は味方同士に団結力を生みだしていく（トゥキュディデス、二〇一三年、三九頁）。たとえ味方同士のあいだで多少の軋轢《あつれき》があったとしても、「共通の敵」の存在によって団結が形成された、という事例は古今東西枚挙《まいきょ》にいとまがなく、「共通の敵に対する憎悪感ほど早く集団を団結させる感情は他にない」（シューマン、一九七三年、三一八頁）。それゆえ、大名たちもまた「共通の敵」を前にして団結していったのであり、彼らは、将軍後継者である足利義視《よしみ》に近づきながらたがいに団結を深めていった。

こうした状況に、伊勢貞親はしだいに焦りをつのらせていった。そこで伊勢貞親に、文正元年（一四六六）九月に将軍義政に対し、大名たちのいわば「結集核」になっていた足利義視を「死刑にすべきだ」と進言するにいたった。すると、これを知った大名たちは怒り、有力大名の山名宗全《やまなそうぜん》（持豊《もちとよ》）と細川勝元を先頭に、将軍義政に「伊勢貞親を追放してもらいたい」とつよく求める事態になった。こうしたことから将軍義政も、大名たちの要求を受けいれざるをえなくなり、ついに義政は伊勢貞親の追放に同意した。この結果、伊勢貞親は京都を追われ、股肱《ここう》の臣というべき貞親をうしなった将軍義政の政治的立場は大きく後退するにいたった。この事件は、当時の年号をとって「文正《ぶんしょう》の政変」という（『後法興院記』文正元年九月六・七日条ほか。家永遵嗣、二〇一四年）。

しかしなぜ将軍義政は、これまで「義政専制」というべきほどの強勢を誇っていたにもかかわらず、こうもあっさりと大名たちの要求に屈して側近伊勢貞親の追放に同意し、その政治的立場を後退させられてしまったのであろうか。

この疑問を解くうえで、江戸時代の武家社会における主君と家臣との次のような関係が参考になるかもしれない。

すなわち、江戸時代の武家社会において主君は家臣たちにとって至高の存在であり、それゆえ主君は、家臣たちに対して大きな影響力を有していた。しかし、家臣たちのほうも無力であったというわけではなかった。もし、家臣たち（を代表する重臣〈＝家老〉たち）がまとまってその総意が形成されたならば、主君といえどもこれを無視することはできず、家臣たちの総意によって主君が牢《ろう》に押し込められ、廃位されてしまう、ということすらあったという（笠谷和比古、一九八八年）。

さすればこれと同じようなことは、室町時代の足利将軍と大名との関係にもあてはまるのではないか。すなわち室町時代でも、主君たる将軍は家臣たる大名たちにとって至高の存在であり、それゆえ将軍は、大名たちに対して大きな影響力を有していた。すでに述べたように、成人した将軍義政の意思が、大名たちのあいだで影響力をもってくることを将軍生母も管領もおさえられなかった。そしてその後大名たちが分裂するなかで、義政は、大名抑圧政策をつぎつぎに打ちだすことができた。これらのことは、いかに重臣といえども成人した将軍の影響力を完全にゼロに封じこめることはむずかしく、とりわけ大名たちが派閥抗争などでまとまっていない場合には、将軍の影響力を抑制することは困難であった、ということを示していよう。

しかし将軍の地位は、結局のところ大名たちの支持によって保たれるものであったから、大名たちが将軍に対して無力であったというわけではなく、もし大名たちがまとまり、その総意が形成されたならば、ちょうど江戸時代の武家社会における主君がそうであったように、室町時代でも主君たる将軍は、家臣たる大名たちの総意を無視することができなかったのではないか。だからこそ、団結した大名たちに一致してせまられると、将軍義政としても股肱の臣である伊勢貞親の追放に同意せざるをえなかったのではなかろうか。

させてこうして将軍義政は、大名たちの一致した要求によって、その政治的立場を大きく後退させられてしまった。だが、これは来るべき惨劇の序幕にすぎなかった。

これまで派閥抗争をくり返していた大名たちは、自分たちを抑圧してきた「共通の敵」である将軍義政や伊勢貞親を前にして団結し、義政を政治的に後退させた。ところが、これによって「共通の敵」がいなくなってしまうと、大名たちはたちまち団結力をうしない、山名宗全と細川勝元を領袖《りょうしゅう》とする二派閥に分裂して対立しはじめたのだ。「義政専制」の抑圧から一挙に解放された大名たちは、これまで義政とその側近たちに握られていた政治主導権をめぐり、両派閥にわかれて競《きそ》いあうことになったわけである。そして、ついに応仁元年（一四六七）正月、山名・細川両派の大名たちは京都内外で戦闘を開始した。これこそが、この後十一年にもわたってつづけられることになる「応仁・文明の乱」（応仁の乱）のはじまりであった。

このように応仁・文明の乱の本質とは、これまで「専制」を推進してきた将軍義政が、大名たちによってその政治的立場を後退させられた後に起きた、大名たちの派閥分裂抗争というべきものであった。ではこの乱は、どのように推移していったのであろうか。

応仁・文明の乱はどのように推移していったのか

応仁元年正月、大名たちは、将軍義政とその側近伊勢貞親という「共通の敵」の後退によってかえって団結力をうしない、有力大名であった山名宗全と細川勝元を領袖とする二つの派閥に分裂し、ついに京都内外で戦闘を開始した。

この「応仁・文明の乱」に際して将軍義政はなすすべもなく、せいぜい山名・細川両派の大名たちに戦闘をやめるよう懇願《こんがん》するだけであったという（『大乗院寺社雑事記』応仁元年正月十九日条）。こういった将軍義政の態度は、彼の「無能さ」をあらわす根拠のひとつとされ、今日義政が批判されたり嘲《ちょう》笑《しょう》されたりする要因にもなっているのだが、これは、いささか厳しすぎる評価といえよう。先にも述べたごとく、将軍といえども家臣たる大名たちの総意を無視することができなかったとすれば、大名たちが「戦うべし」という意見でまとまっている以上、義政以外の誰が将軍であっても、なすすべがなかったのではあるまいか。

細川勝元木像　京都市・龍安寺蔵

応仁の乱発生の地の碑　京都市・上御霊神社境内

さて、こうしてはじまった応仁・文明の乱は、当初、細川勝元の率いる「東軍」が山名宗全の率いる「西軍」に対して優勢であった。

細川勝元は、開戦と同時に将軍義政とその弟の足利義視《よしみ》をいちはやく手中にした。そして、このうちの義視を東軍の名目的な総大将に推戴《すいたい》したうえ、将軍義政からは「御旗」（＝将軍の旗）をもらいうけることで「東軍こそが正当である」ということを内外に大々的にアピールしていった。さらに細川勝元は、将軍義政に願って西軍の大名たちに「東軍へ恭順《きょうじゅん》せよ」と命じてもらうなど、西軍に対してつぎつぎに手を打っていった。こうしたことも影響してか、山名宗全の率いる西軍は意気があがらず、早くも開戦から五か月後の応仁元年六月には「多くの西軍諸将は、東軍に降参するのではないか」といった風聞《ふうぶん》が流れるあり様になった。このままいけばこの応仁の乱は、東軍勝利という形ですぐに終結するはずであった（『大乗院寺社雑事記』応仁元年六月一・八・九・十三日条ほか）。

ところが、その後この戦局は一変する。

それは、中国地方の有力大名である大内政弘《おおうちまさひろ》が西軍に味方し、応仁元年八月に数万もの大兵を率いて突如として京都に突入してきたからであった。これによって西軍はたちまち息を吹きかえす一方、東軍のほうは大内勢の上洛に大いに動揺し、西軍への内通者が出たり、総大将である足利義視が東軍陣営を抜けだして伊勢国（三重県）に出奔《しゅっぽん》する、といった事態まで起きてしまった。足利義視の東軍総大将の地位は多分に名目的なものであったが、義視は、東軍が討ちとった西軍諸将の首実検《くびじっけん》をしたり、西軍に内通した者を処罰したりするなど総大将としての実質的な役割も一部果たしていた。それゆえ義視は、西軍が優勢になると身の危険を感じて出奔を決断したのであろう。あるいは義視は、以前から山名宗全とも親しかったから、西軍への内応を疑われて東軍に居づらくなったのかもしれない（『後法興院記』応仁元年八月二十四・二十五日条ほか）。

さてこうして西軍は、大内勢の参戦で息を吹きかえした。ただし、東軍を降参させるまでにはいたらず、その後戦いは一進一退をたどった。こうしたなか、東軍にあった将軍義政は、伊勢国に出奔した弟の義視に対してしきりに「帰京するように」と求め、「帰京すれば伊勢・近江・山城の三か国にある寺社本所領の年貢半分をすべてあたえよう」と約束したり、義視と親しい高僧を将軍使者として伊勢国に派遣し、義視を迎えにいかせたりしてその帰京をしきりに求めた（『後法興院記』応仁二年五月二十日、八月一日条ほか）。

なぜ将軍義政は、これほどまでに義視の帰京を望んだのであろうか。その理由は定かではないが、この当時、将軍義政の子息たちはいずれもまだ一～四歳の幼児でしかなかった（→20頁）。それゆえ、将軍義政にとって弟の義視は、依然として「自分に万が一のことがあった場合のスペア」として不可欠な存在であったのかもしれない。あるいは（後に起きた出来事から考えるならば）、義視が敵である西軍に推戴《すいたい》され、将軍義政の手ごわい競合者になっていくことを懸念して、義視を自分の掌中《しょうちゅう》に置いておこうとしたのであろうか。

いずれにせよ、伊勢国にあった足利義視は、兄義政の願いを受けいれて帰京することにした（『後法興院記』応仁二年九月十三日条ほか）。もともとこの兄弟は仲がよく、義視としても兄の懇願を無下には拒否できなかったのであろう。

だがその後この兄弟は、はげしく対立していくことになる。二人になにがあったのであろうか。

足利義視はなぜ兄と対立したのか

応仁二年九月下旬、足利義視は、伊勢国から約一年ぶりに京都にもどって東軍陣営に復帰した。すると彼は、東軍を率いる細川勝元と相談したうえで将軍義政に対し、「義政の側近である公家の日野《ひの》勝光《かつみつ》（義政の御台所である日野富子の兄）は邪徒《じゃと》であるので、すぐに東軍陣営から追放するように」とせまった（『後法興院記』応仁二年九月二十七日条、『碧山日録』同二十二日条）。なぜ義視は、細川勝元とともにこのようなことを兄にせまったのであろうか。

先にも述べたように、細川勝元は応仁・文明の乱がはじまると、いち早く将軍義政を東軍に迎え、義政から将軍の「御旗」をもらい受けて西軍に対する東軍の正当性を内外にアピールしたり、義政に願って西軍諸大名を慰撫《いぶ》してもらうなど、さかんに義政を政治的に利用した。しかしこの結果、東軍内で将軍義政の発言力がしだいに上昇してくることになり、そしてそれにともなって義政の側近日野勝光もまた台頭し、このころもはや細川勝元にとって放置しがたい存在になっていたのではあるまいか。そこで細川勝元は、足利義視をつうじて日野勝光の追放をはかり、一方義視は、この企《くわだ》てに協力することで細川勝元との親交を深め、将軍後継者としての地位を強化しようとしたのではないか。

しかし将軍義政は、弟の義視が日野勝光の追放を求めたと知って激怒した。そして義視への報復として、かつて義視の死刑を求めて失脚した伊勢貞親をわざわざ復権させたうえ、公家の烏丸《からすま》益光《ますみつ》（義視や細川勝元と一緒に日野勝光の追放を画策していた）を東軍から追いはらった。さらに、義視と親しい有馬元家《ありまもといえ》という将軍直臣を処刑し、義視への強烈な警告とした。

これをみた義視は、たちまち恐怖した。

帰京後、東軍内にあった義視は、細川勝元が義政支持にまわったこともあって東軍内で孤立した。そして身の危険を感じた義視は、応仁二年十一月十三日の明け方、ついに京都を脱出して比叡山延暦寺《ひえいざんえんりゃくじ》に逃《のが》れた。このとき義視は馬にも輿《こし》にも乗らず、庶人のごとく歩いて比叡山に逃れたというから、彼がいかに恐怖し、あわてていたかが知られよう。さらにその後義視は、身の安全をはかるべく延暦寺から西軍のもとに奔《はし》った。義視としては、将軍義政が東軍に推戴されている以上、東軍の大名たちを頼るわけにはいかず、結局、東軍と対立する西軍の大名たちを頼らざるをえなかったのであろう（以上、『後法興院記』応仁二年閏十月二十五日、十一月十一・十五・二十六日条、『大乗院寺社雑事記』応仁二年十一月九、十七〜二十七日条ほか）。

さて、弟が西軍に奔ったことを知った将軍義政は、ますます怒り、朝廷に求めて義視の官位（正二位権大納言）を削らせたうえ、義視を朝敵《ちょうてき》にしてその追討を命じた（『大乗院寺社雑事記』応仁二年十二月十九日条ほか）。ここにいたって将軍義政と義視の兄弟は、完全に決裂したのであった。

一方、足利義視を迎えた西軍の大名たちは、これを大いに歓迎した。これまで西軍は、東軍の細川勝元が将軍義政を使って自軍の正当性を内外にアピールしてきても、これに対抗する手段をもたなかった。しかし将軍家一門の足利義視を推戴したことによって、西軍も、またみずからの正当性を内

義視を迎えた西軍の領袖、
山名宗全の花押

外に主張しうる根拠を入手することになったからにほかならない。

こうして東軍は将軍義政を、そして西軍は「将軍」として足利義視を推戴するにいたった。もとより、足利義視は征夷大将軍に任官してはいなかったが、西軍の大名たちからみれば義視こそが将軍＝足利将軍家当主であった。たとえば西軍の大名大内政弘は、義視のことを「公方様《くぼう》」と呼んでいる（『相良家文書』二一二号）。まさに「二人の将軍」が出現したわけであった。

しかしこの応仁・文明の乱は、戦いが長期化するにつれてしだいに厭戦《えんせん》気分が広がっていった。そして文明五年（一四七三）三月には西軍の領袖《りょうしゅう》である山名宗全が死去し、同じ年の五月に東軍の領袖たる細川勝元も没すると、東西両軍のあいだで和平の動きがあらわれてくるようになった。

たとえば文明八年には、西軍の足利義視から東軍の義政に対して和平が提案され、義政もこれに賛同する意向を表明している（『蜷川家文書』八九号）。また、翌文明九年には足利義視の息女（後の祝《しゅく》渓聖寿《けいしょうじゅ》）が、日野富子を頼って西軍から東軍に移ってきた。そこで富子は、この息女を保護し、義政・富子夫妻の猶子《ゆうし》（＝形式的な養子）としたうえ足利将軍家とゆかりの深い京都の尼寺、曇花院《どんげいん》（通玄《つうげん》寺《じ》）に入寺させるなどして厚遇した（『兼顕卿記』文明九年七月十九日条ほか）。これより先の文明五年十二月には、九歳になった将軍義政・富子夫妻の実子である足利義尚《よしひさ》が、父義政のあとをついで征夷大将軍（九代将軍）となっていたから、義政にしても富子にしても、我が子である新将軍義尚のために早急に西軍側と和睦し、応仁・文明の乱を終結させたかったのであろう。

この結果、東西両軍のあいだで和平の動きがすすんだ。そして文明九年（一四七七）十一月には、西軍の大名たちが京都を去ってそれぞれの領国に下り、これによって十一年もの長きにわたってつづいた応仁・文明の乱は、いちおうの終結をむかえた。

西軍にいた足利義視もまた京都をはなれ、有力大名の土岐成頼《ときしげより》を頼ってその領国である美濃国（岐阜県南部）に下った（『長興宿禰記』文明九年十一月十二日条ほか）。そしてその翌年の文明十年八月、美濃にあった義視は京都の前将軍義政のもとに使者を送って贈り物を献じ、義政もまたこの贈り物を受けとって義視に返礼し、これによって義政・義視兄弟は、形のうえでは完全に和解することになった（『親元日記』文明十年八月二十一～二十八日条ほか）。

ただし、だからといって義視がすぐに京都にもどることはなかった。これは、京都にはもはや義視の居場所がなかったからであるが、それとともにやはり義視の心底に、兄義政への「わだかまり」があったからではないかと思われる。結局この兄弟は、最後まで本当の意味で和解することはなかったのだが、それは後に述べることにしよう。

さて、足利義視の美濃下国にともない、その嫡男である義稙も、京都から美濃に下った。このとき義稙は十二歳であった。そして義稙は、この後二十四歳になるまで十二年もの長きにわたって美濃で暮らすことになる。

では義稙は、美濃でどのような日々をすごしたのであろうか。

第二章　義稙はなぜ将軍になりえたのか

義稙は美濃でどのような日々をすごしたのか

文明九年（一四七七）十一月、息子の義稙らをともなって美濃国に下った足利義視《よしみ》は、同国の大名土岐《とき》氏やその重臣斎藤氏に迎えられて保護された。

とりわけ、このころ斎藤氏の事実上の当主であった斎藤妙椿《みょうちん》入道からは、手あつく保護されたようであり、妙椿が文明十二年二月に七十歳で死去した際には「義視は、妙椿の死によって保護者をうしない、美濃国内で孤立してしまうのではないか」といった風聞が流れたほどであった（『大乗院寺社雑事記』文明十二年二月二十日条）。足利義視が応仁・文明の乱後に美濃国に下向することを決めたのも、斎藤妙椿から誘われたことが、その理由のひとつであったのかもしれない。

こうしたことから、足利義視の息子である義稙は、斎藤妙椿への感謝の念がつよかった。たとえば明応元年（一四九二）二月十六日、このころすでに十代将軍になっていた義稙は、数日後にせまった故妙椿の十三回忌供養のために、妙椿とゆかりのある瑞庸《ずいよう》という禅僧を、臨済宗《りんざいしゅう》五山《ござん》派に属する名刹臨川寺《りんせんじ》（京都）の住持に任じてやっている（なお、臨済宗五山派は、当時禅宗の中心であったことから将軍家の保護下にあり、それゆえに五山派に属する寺々の住持任免権は将軍がもっていた）。しかもこのとき義稙は、五山派の高僧らが「瑞庸はまだ住持の資格を満たしていないので、彼を住持にすることは反対だ」と抗議したにもかかわらず、「斎藤妙椿の十三回忌が近日にせまっている」として強引に瑞庸を臨川寺の住持に任命したのであった。ここからは、義稙が妙椿に対する感謝の念をいかにつよくもっていたかがうかがわれよう（『蔭凉軒日録』明応元年二月十六〜十九日条ほか）。

ところで、なぜ斎藤妙椿は足利義視・義稙父子を保護したのであろうか。彼は、美濃国において主家の土岐氏に匹敵する勢威を有しつつあり、京都の公家からも「無双福貴《ふっき》、権威の者なり」（『晴富宿禰記』文明十二年二月二十一日条）といわれるほどであった。しかし、武家社会では戦国最末期にいたるまで家格《かかく》（家のランク）がなお厳然として存在していたから、斎藤妙椿がいかに強勢を誇ろうとも、社会的には斎藤氏は単なる「土岐氏の一家臣」と認識されるにすぎなかった。だがもし彼が、足利義視父子という、当時の武家社会において最高位の貴人を掌中《しょうちゅう》におさめてこれを保護したならばどうであろうか。おそらく、土岐氏の一家臣という斎藤氏に対する社会的認識をいくばくかでも変えられる可能性が出てこよう。さすればこうしたところに、斎藤妙椿が義視父子を手あつく保護するにいたった理由のひとつがあったとみられる。

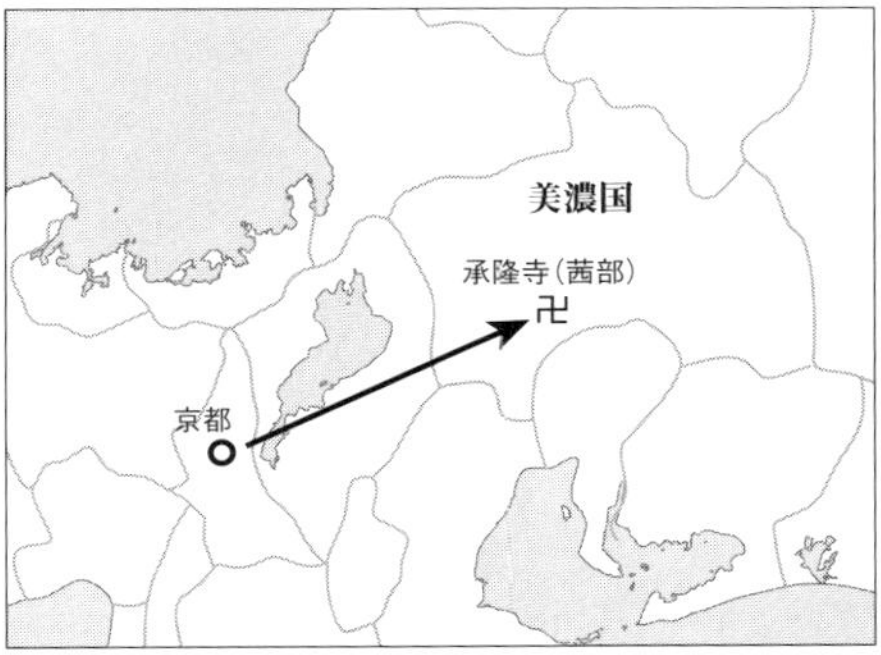

図１　義稙の美濃下向図　応仁・文明の乱後、義稙は義視とともに京都から美濃国茜部に下った

茜部神社　この近くに義稙が暮らした承隆寺があった　岐阜県岐阜市

さて、美濃に下った足利義視・義稙父子は、美濃国茜部《あかなべ》（岐阜県岐阜市茜部）というところに落ちついた（『大乗院寺社雑事記』文明九年十二月十三日条）。ここは、土岐氏の居城のひとつであり、斎藤妙椿の居館もあったとされる革手城《かわて》（岐阜市）からほど近い場所であった。義視・義稙父子はここに落ちつき、この地にあった承隆寺《しょうりゅうじ》という禅寺に住まいしたらしい。このころの義稙がどのような暮らしをしていたのかは、史料がないので明確ではないが、当時の彼の暮らしぶりがうかがわれるエピソードを紹介しよう。

義稙が住んだ承隆寺には、祖庭教敬《そていけいきょう》という平僧（＝無役の一般僧）がおり、彼は貧しいながらも義稙の世話をして忠節をつくした。そこでこれに喜んだ義稙は、この恩に報《むく》いるべく、敬教が住んでいた坊舎に「大源院」という名をつけてやり、さらに延徳《えんとく》二年（一四九〇）に第十代将軍にのぼると、将軍がもつ臨済宗五山派の寺々の住持任免権を使って、この敬教をしかるべき五山派の禅寺の住持に任じてやった。ただし、本来住持になるには秉払《ひんぽつ》と呼ばれる修行を終了していなくてはならなかったが、敬教はまだそれをすませていなかった。それゆえ義稙は、五山派の高僧たちから「敬教は、美濃在国時代の義稙様に忠節をつくした者なので今回は特別に敬教の住持就任を認める。しかし、今後は秉払《ひんぽつ》をつとめていないこうした無資格者を住持に任じないでほしい」とクギをさされた。

ところが、その後義稙にとって困った事態が発生した。というのは、美濃から二人の禅僧が義稙のもとに参り、「自分たちも敬教とともに美濃在国時代の義稙様の世話をしたので、敬教と同じように寺の住持に任じてほしい」と求めてきたからにほかならない。実は、この二人がこのように主張してきたのには理由があった。かつて義稙は、右にあげた敬教と、そしてこの二人の禅僧のあわせて三人に「しかるべき禅寺の住持に任じてやろう」と約束していたのだ。

後にもふれるが、長享《ちょうきょう》元年（一四八七）九月から、九代将軍の足利義尚《よしひさ》が近江の大名六角《ろっかく》氏を征伐する戦いをはじめ、この戦いに当時まだ美濃にいた義稙も参陣することになった。すると、これを聞いた敬教と先ほどの二人の禅僧は義稙のもとに参上し、出陣の餞《はなむけ》として酒肴《しゅこう》を義稙に献じた。これに義稙は大いに喜び、「これまでの恩に報いるため、上洛するようなことになったならば、おまえたち三人をしかるべき禅寺の住持に任じてやろう」と気安く約束してしまったのである。

このころの義稙は、まだ十代将軍になる前であり、秉払《ひんぽつ》をつとめていない者は住持になれない、という決まりも知らなかった。そこで彼は、住持など簡単に任命できると思って安請け合いをしてしまったのであるが、先ほどの二人の禅僧はこのときの約束をおぼえており、義稙が将軍になると「自分たちも敬教と同じく秉払《ひんぽつ》をつとめていないが、敬教はすでに住持に任じられたのだから、自分たちも約束どおり住持に任じてほしい」と求めてきたわけであった。これを知った義稙は、「秉払《ひんぽつ》をつとめていない者を住持にはもう任命しない」と五山派の高僧たちにクギをさされていたこともあって対応に苦慮したが、結局、この二人の禅僧もその後寺の住持に任命してやり、これまでの恩に報いたという（以上、『蔭凉軒日録』延徳二年閏八月六～十日、同三年三月十四・十五日、五月十二・十六日条）。

さて、このエピソードからは、美濃在国時代の義稙の暮らしぶりについて次のようなことがうかがわれよう。

このころの義稙を世話したという祖庭敬教《そていけいきょう》は、無役の一般僧であり、極貧であったとされ、五山派の高僧たちからも蔑《さげす》まれるいわば市井《しせい》の僧であった。また、この敬教とともに義稙の世話をし、後にそのことをネタに義稙に恩賞を願った二人の禅僧たちも、その名前が伝わっていないことから考えて、やはり身分の低い市井の僧たちであったと思われる。つまり義稙は美濃在国時代、どうやらこういった「市井の人びと」とも日常を接して暮らしていたようなのである。後に本書において論じていくように、義稙は何度挫折しても決してあきらめずに困難に立ちむかっていくのだが、そうした彼の「たくましさ」は、その人格が形成される重要な少年～青年期を深窓《しんそう》にあることなく、このように広く市井の人びとと接したことで育《はぐく》まれていったのかもしれない。

義稙が美濃にあったこのころは、彼の従兄《いとこ》にあたる九代将軍義尚《よしひさ》の治世期であった。将軍義尚は、義稙より一歳年上でまだ若く、将軍としての地位も安定していたから、義稙が上洛して将軍になる可能性はきわめて低かった。義尚にはまだ後継者の男子がいなかったが、もし男子が生まれるようなことになれば、義稙が将軍になる可能性はほぼ皆無となろう。

そうした状況のなかで、十代後半から二十代の年齢にさしかかりつつあった義稙は、将来への不安をおぼえ、時には煩悶《はんもん》することがあったかもしれない。だが美濃在国時代の義稙は、やや素行に問題があるものの「たくましさ」をもつ市井の人びとと接するなど、将軍位をめぐる政争とは無関係なところで比較的自由に暮らしていたようであった。熾烈《しれつ》な政治闘争にあけくれたその後の義稙の人生を考えるならば、このころが、彼の人生でもっとも平穏な時期であったといえるかもしれない。

しかし、そうした平穏は長くはつづかない。

そもそも義稙は、ただの一青年ではなかった。武家社会で頂点に立つ足利将軍家の貴公子であったのであり、そのような立場の者に平穏などありえない。

後に義稙を悩ますことになる「政治闘争」の嵐が、しだいに近づきつつあった……。

そのはじまりは、義稙がこの時代を代表するひとりの権力者に注目されたことであった。その権力者とは、現将軍たる足利義尚の生母、日野富子《ひのとみこ》にほかならない。ではなぜ彼女は、義稙に注目するようになったのであろうか。

日野富子はなぜ義稙を支援したのか

長享《ちょうきょう》元年（一四八七）正月、二十二歳になっていた義稙は、美濃国で元服《げんぷく》（＝成人）して「足利義材《よしき》」と名のり、同じ年の八月二十九日には朝廷から従五位下・左馬頭《さまのかみ》の官位を授与された。この義稙の任官は、おもてむきは義稙の従兄《いとこ》にあたる当時の将軍（九代将軍）足利義尚《よしひさ》が朝廷に推薦したことで実現した、ということになっていたが、朝廷の事務官たちは義稙の任官を示す朝廷の公文書を日野富子に渡し、これら事務官らへの手間賃《てまちん》も富子から支払われていた。こうしたことを考えれば、日野富子が義稙の左馬頭任官を取りはからった、と考えてよかろう（『蔭凉軒日録』長享元年正月二十四日条、『長興宿禰記』長享元年九月一日条ほか）。

ではなぜ日野富子は、自分の息子である将軍義尚のライバルにもなりかねない義稙のために、その任官を支援したのであろうか。日野富子にとって義稙は実の甥（妹の子）であった。さすれば、こういった近しい血縁関係からくる情愛が、富子をして義稙任官の労をとらせた、ということもあったであろう。しかし富子が義稙を支援した理由は、それだけではなかったようにも思われる。

義稙が左馬頭に任官した直後の長享元年九月、将軍義尚は、「近江（滋賀県）の大名六角高頼《ろっかくたかより》が将軍の命令を軽んじ、寺社本所領を押領している」として六角征伐を決定し、多くの大名たちを率いて近江に出陣した。ところでこの六角氏と、このころ足利義視・義稙父子を保護していた美濃の大名土《と》岐《き》氏（土岐成頼《しげより》）とは、応仁・文明の乱の際に同じ西軍に属したこともあって、実は密接な関係にあった。またこのころ土岐氏は、六角氏と同様に美濃国内の寺社本所領を押領していたことから、将軍義尚から譴責《けんせき》処分を受けていた。

それゆえ、将軍義尚の近江六角氏征伐がはじまると、土岐氏が義尚に反旗をひるがえして六角方に味方する、という可能性が十分にあった。そしてもしそうなった場合、土岐氏は、足利義視・義稙父子を保護しているのであるから、同父子を主将として推戴するかもしれなかった。そのようなことになれば、「二人の足利将軍」がそれぞれ主将となって戦いが展開された応仁・文明の乱の再現ともなりかねない。そこで将軍義尚の生母である日野富子は、とくにこの点を憂慮し、義稙の左馬頭任官を支援してやることで足利義視・義稙父子をいわば懐柔《かいじゅう》し、もし土岐氏が反乱をおこすようなことになっても義視父子が動かないよう、事前に手を打ったのではあるまいか。

また、日野富子が義稙の左馬頭任官を支援したもうひとつの理由として、将軍義尚の後継者問題もあげられる。

義稙が左馬頭に任官した四年前の文明十五年（一四八三）三月、足利義政の子で、義政と側室とのあいだに生まれた同山等賢《どうざんとうけん》が、十九歳の若さで死去してしまった（『蜷川親元日記』文明十五年三月二十四日条ほか）。この等賢は、将軍の子息とはいえ庶子であったことから出家して天龍寺《てんりゅうじ》（京都）の香厳院《きょうげんいん》住持をつとめていた。ところでこの香厳院という寺は、これまで将軍家一門の者が代々住持となっていた。そこで、等賢が死去するとその父である前将軍義政は、将軍家一門の中から新しい香厳院の住持を探しはじめ、最終的に足利政知《まさとも》の次男を新たな住持に選んだ。

この足利政知というのは、第六代将軍義教《よしのり》の子息であり、義政にとって兄にあたる人物であった。しかし彼は、生母の出自《しゅつじ》の関係から将軍にはなれず、出家して香厳院の僧となった。そして、さらにその後義政に命じられて還俗《げんぞく》して「足利政知」と名のり、動乱あいつぐ関東地方をおさえる役目をあたえられて京都から伊豆国堀越《ほりごえ》（静岡県伊豆の国市）に移り住んだ。

義政は、彼にとっては庶兄にあたるこの足利政知の次男を、香厳院の次期住持に選んだのであった（これは、政知がかつて香厳院の僧であったからであろう）。この結果、義政の命令で足利政知の次男は、

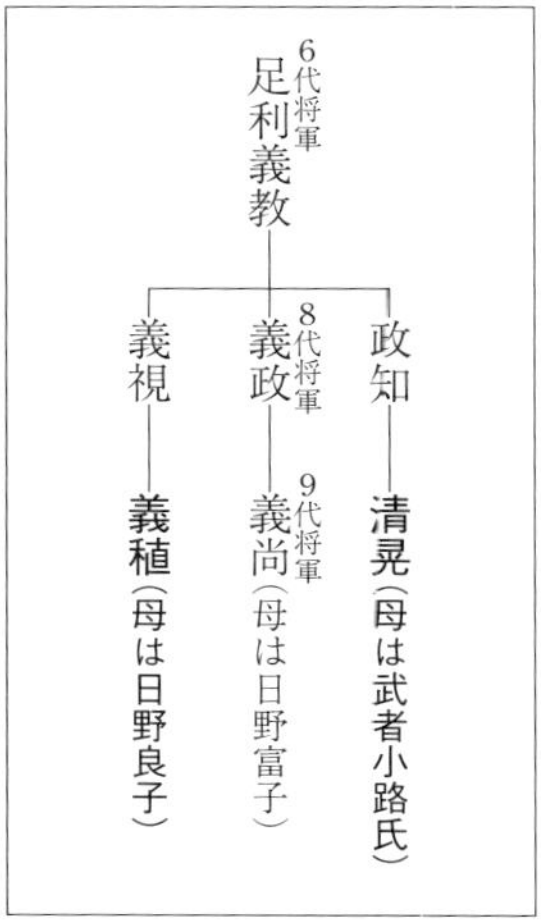

系図２　義稙と９代将軍義尚、清晃（後の11代将軍義澄）は従兄弟同士であった

伊豆国から長享元年（一四八七）五月末に京都にのぼり、香厳院に入って「清晃《せいこう》」と名のった（『蔭凉軒日録』長享元年五月二十八日条ほか）。だがこの清晃の上洛は、日野富子を大いに不安がらせたであろうことは想像にかたくない。

　というのは、富子が産んだ将軍義尚には、まだ後継者となるべき男子がいなかったからにほかならない（ちなみに富子は、義政とのあいだに三宝院《さんぼういん》門跡になった義覚《ぎかく》という男子も産んでいたが（将軍義尚にとっては同母弟ということになる）、この義覚は、これ以前の文明十五年九月に十六歳の若さで死去してしまった）。それゆえ、もし義尚の身に万が一のことがあった場合、義尚の従兄《いとこ》にあたる清晃が次期将軍となる、という可能性が大いにあった。

　しかし、この清晃の母は、公家の武者小路《むしゃのこうじ》家出身であって日野家出身ではなかった。したがって清晃がもし将軍になった場合、これまで半世紀近くにもわたってつづいてきた「日野家の血を引いている足利将軍」という伝統がここで途絶えてしまうことになった（七代将軍義勝、八代将軍義政、九代将軍義尚はいずれも母が日野家の出身）。これは、日野家出身の富子として容認しがたいことであったろう。一方、清晃とはちがって美濃にいた義稙のほうは、日野家の血を継いでいた（母は日野富子の同母妹良子）。さすれば富子にとっては、清晃よりも義稙のほうがより次期将軍として受けいれやすい人物であったに相違ない（系図2）。

だからこそ日野富子は、清晃が上洛してきた直後の長享元年八月、美濃にいた義稙が左馬頭に任官できるよう支援したのではあるまいか。

前にもふれたようにこの「左馬頭」という官位は、偉大な功績を残した三代将軍義満が最初に任官した官位であったことから、戦国時代末にいたるまで武家社会では将軍や将軍後継者だけが任官しうる特別な官位とされていた。義稙は、日野富子の支援でこのような左馬頭に任官したのであり、このことは「義稙もまた有力な将軍後継候補である」ことを内外につよく印象づけたことであろう。

さて、このように義稙の左馬頭任官は、さまざまな政治的思惑のもとに実施されたものであったと考えられる。いいかえれば義稙は、その意思にかかわりないところでドロドロした政治闘争にしだいに巻きこまれていった、といえよう。そしてその後義稙は、平穏に暮らしていた美濃をはなれて政治闘争の中心地である京都に行き、ますますこの政治闘争の渦中《かちゅう》に巻きこまれていく。

ではいったいなぜ義稙は、美濃から上洛することになったのであろうか。

義稙はなぜ美濃から上洛することになったのか

長享《ちょうきょう》元年（一四八七）、九代将軍義尚《よしひさ》は、六角征伐を決定し、同年九月に多くの大名たちを引きつれて京都から近江に出陣した。そして六角勢をたちまち蹴散《けち》らし、これを近江国甲賀《こうか》（滋賀県甲賀市）の山奥に追いはらった。

足利義尚木像　京都市・等持院蔵

だが将軍義尚は、六角氏を追いはらって出陣の目的がいちおう達せられたにもかかわらず、その後も京都にはもどらなかった。彼は、本陣に定めた近江国鈎《まがり》（滋賀県栗東市）にとどまりつづけ、側近や事務官僚である幕府奉行人《ぶぎょうにん》らをここに集めて政務をとりはじめたのである。しかしなぜ義尚は、帰京しなかったのであろうか。

文明五年（一四七三）に九歳で征夷大将軍に任官した将軍義尚は、十五歳ごろからしだいにみずからで政務をとるようになっていた（ちなみにこのころの「政治」とは、主として裁判であった）。しかし、父である前将軍義政は、その後も引退せずに政治の実権を握りつづけようとした。そのため、たとえば幕府奉行人たちは、将軍義尚と前将軍義政という「二人の主君」のもとに出仕することになり、将軍義尚から決裁をもらっても、これを義政にそっとうかがってその了解をとる、といったことをしていたという。そこで、このような状況に将軍義尚は怒り、ついに父義政の政治介入を排除するために、六角征伐後も義政のいる京都にはもどらずに近江にとどまったうえ、側近や奉行人たちを近江に集めてここで政務をとることにしたらしい（設楽薫、一九八九年）。

さてこうして将軍義尚は、近江にとどまり、父義政の介入を排除して親政を開始した。だが、この親政は長くはつづかなかった。それは将軍義尚が近江で体調をくずしたからであり、その後義尚は、延徳《えんとく》元年（一四八九）三月についに重体におちいってしまった。

そのため、将軍義尚の近臣たちは「養生のために義尚を一時帰京させよう」とはかった。しかし、六角氏の残党がいまだ散発的な抵抗をつづけており、そうしたなかで六角征伐軍の総大将である義尚がなんの準備もなく帰京したりすれば、不測の事態が起こりかねない。そこで将軍義尚の近臣たちは、美濃に在国していた足利義視かその子息の義稙を近江に招いたうえ、彼らを六角征伐軍の仮の総大将として一時帰京する義尚の留守をまかせよう、とはかった（『大乗院寺社雑事記』延徳元年三月二十二日条、『宣胤卿記』延徳元年四月十四日条ほか）。

これを知った美濃の足利義視・義稙側も同意し、息子の義稙のほうが近江に出陣できるよう、準備をすすめていった（なお、祖庭敬教《そていけいきょう》らが義稙に出陣祝いを献じ、これに喜んだ義稙が彼らの住持就任を安請け合いしてしまったのは、このときである）。重体となっている将軍義尚には、このころまだ後継者となるべき男子がいなかった。そのようななかで、もし義稙が一時帰京する将軍義尚の代理として近江征伐軍の総大将をつとめることになれば、将軍後継者としての義稙の立場はよりいっそう確立されよう。そうなれば、将軍後継レースのライバルである従兄の清晃《せいこう》に差をつけることになる――おそらく足利義視・義稙父子には、このような計算があったに違いない。

ところが、義稙が美濃から近江に向けて出陣する直前、将軍義尚は近江の陣中で死去してしまった。これは延徳元年三月二十六日のことであり、義尚は、まだ二十五歳の若さであった。さて、将軍義尚には男子がいなかったから、その死は、たちまち将軍継嗣問題を引き起こすことになった。有力な後継候補は、このとき二十四歳に達していた義稙と十歳になった清晃であった。そして、このうち清晃は香厳院《きょうげんいん》の僧として在京していたことから、義稙も、ただちに父義視とともに美濃を立って京都に向かうことになった。これは、京都にいなければ将軍後継レースで後《おく》れをとるからにほかならない。

こうして延徳元年四月十四日、義稙は、父の義視とともに京都に入り、妹が入寺していた通玄寺《つうげんじ》(曇花院)に落ちついた(↓34頁)。義視・義稙父子は、応仁・文明の乱が終結した文明九年(一四七七)に京都を去ってから、実に十二年ぶりにふたたび京都にもどってきたわけであった(『後法興院記』延徳元年四月十三・十四・十九日条ほか)。

さて、入京した義稙は、さっそく伯母である日野富子に招かれ、通玄寺から富子の邸宅(小川《こかわ》御所)に移り住んだ(『実隆公記』延徳元年四月二十二日条)。義稙が日野富子に招かれてその邸宅に入った、ということは、富子が義稙を次期将軍として支持していることを示している。かつて義稙の左馬頭任官を支援した富子は、ここでも義稙を自宅に招くことで義稙支持を表明したわけであった。一方、義稙のライバルである清晃のほうは、細川一門を率いる有力大名細川政元《まさもと》が支持したとの風聞もあった。だが、政元に目立った動きはなく、次期将軍レースは、故将軍義尚の生母である日野富子を味方につけた義稙側が優勢な状況であった。いよいよ「十代将軍義稙」の誕生が近づきつつあった。

ところが、ここで思いがけない事態が起こる。

前将軍の足利義政が突然、「九代将軍義尚亡きあとは、自分が政務をとる」と宣言したのだ。このときの義政は、形のうえではすでに隠居の身であった。しかもこのころ彼は病気がちで、この少し前には軽い脳卒中の発作をおこし、一時右半身が麻痺《まひ》するなど体調が万全ではなかったから、そうした義政の突然の執政宣言は人びとを驚かせた。

しかし、義政は意欲十分であった。そして、自分の執政宣言が批判を受けることを予想した彼は、朝廷に願って「隠居の身で執政することは、四代将軍義持《よしもち》のケースなど、これまでも将軍家や摂関家で多くあったのだから、義政が執政することになんら問題はない」との勅語をわざわざ天皇から出してもらった（四代将軍義持は、息子の五代将軍義量《よしかず》が早世すると、隠居の身でありながらふたたび執政した）。ここからは、義政の政治に対する並々《なみなみ》ならぬ意欲が感じられよう（以上、『蔭凉軒日録』延徳元年三月十三日、四月十三・十九日条ほか）。

さて、こうして将軍義尚の没後は、前将軍である足利義政がふたたび政務をになうことになった。ところがこの直後の延徳元年八月、義政は再度の卒中の発作で倒れてしまった。今回の発作も軽度であったようであるが、右手が麻痺してもはや公文書に花押《かおう》（＝サイン）を書くことができなくなった。しかし義政は、それでも義視・義稙父子に政権を譲ろうとはせず、印鑑をもって花押にかえることであくまでみずから政務を遂行しつづけようとした。右手が不自由になりながらも権力の座に固執《こしゅう》しようとするこの義政の姿は、まさに鬼気《きき》人にせまる趣《おもむき》があるといってもよかろう。

だが、それから二か月後の延徳元年十月八日晩、義政は、またしても卒中の発作を起こして倒れてしまった。今回の発作はきわめて重篤《じゅうとく》で、義政の近臣たちも「もはやこれまで」と絶望し、たがい

足利義政の花押

に顔を見合わせて落涙するほどであったという。ところがその後、義政は驚異的な回復をみせていく。十月十四日には少し食事がとれるようになって近臣らの愁眉《しゅうび》を開かせ、二十一日には、上洛以来半年にもわたって対面を許してこなかった義視・義稙父子が自分の病床に見舞いに来ることも許した。

しかし翌延徳二年正月五日夜半、義政は、また卒中の発作を起こしてしまった。そして今回はふたたび回復することなく、ついに力つきて正月七日に死去した。享年、五十五歳であった（以上、『蔭凉軒日録』延徳元年八月十四日、九月十九日、十月九・十一・十四・二十二・二十三日、延徳二年正月七日条ほか）。

結局義政は、その死にいたるまで政治権力を義視や義稙に譲り渡そうとはしなかった。いったい、義政をしてここまで権力の座に固執せしめた理由とは、なんであったのだろうか。

前将軍義政はなぜ政治権力を手放そうとしなかったのか

今日、足利義政については「政治に関心をうしない、政治を混乱させた愚かな将軍」という評価が下されることが多い。

しかし、右にみてきたように義政は、その死の直前まで政治権力を手放そうとせず、義視・義稙父子への権力移譲をかたくなに拒《こば》み、病躯《びょうく》を横たえながらそれでもみずからで政務をとりつづけようとした。このような義政の姿からは、彼が政治に無関心であったという今日における世評とは裏腹に、むしろ権力への執着が人一倍つよかったことをうかがわせよう。

そもそも義政は、成人後、大名抑圧政策を実施してみずからの政治的地位のさらなる上昇をはかった（↓23頁）。さらに応仁・文明の乱の最中には、弟の義視が側近の日野勝光の追放を求めてきたと知ると激怒し、義視に圧力をかけて西軍に奔《はし》らせた（↓33頁）。また、実子の九代将軍義尚が成人しても政治に関与しようとして、義尚と軋轢《あつれき》を引き起こしてもいたのであり（↓46頁）、こういったことは、「権力をうしないたくない」という義政の執着心のあらわれと考えれば理解しやすかろう。

しかし、なぜ義政はこれほどまでに政治権力に執着したのであろうか。

この点についてはさまざまなことが考えられようが、そのひとつとして、義政がその人生をかけた大事業である東山山荘の建設がなお中途であった、ということがあったのかもしれない。周知のように義政は「東山文化」を生み出した立役者であり、そうした義政の文化的事業の集大成が、東山山荘の建設であった。彼はこれに多大な情熱を傾注し、ついに死去する直前には山荘内に二階建ての観音《かんのん》殿《でん》（＝今日の「銀閣」）の建設を完了させるなど、精力的にその建設をすすめていった。

だが、依然として東山山荘は完成をみるにはいたっていなかった。したがって、義政としては工事をすすめるための費用がなお必要であり、そうした費用を集めるためには政治権力を握っていることが欠かせなかった。前にも述べたように、古今東西を問わず、さまざまな許認可権を握っている権力者のもとにこそカネは入ってくるのであって、権力をうしなえばカネは入ってこない。だからこそ義政は、なんとしても政治権力を手放すわけにはいかなかったのではなかろうか。

また、義政が政治権力をなかなか手放そうとせず、とりわけ晩年において義視・義稙父子への政治権力の委譲《いじょう》を拒んだのは、やはり弟の義視との軋轢《あつれき》も、その要因のひとつにあったように思われる。

というのは、義政没後、その葬儀が将軍家とゆかりの深い等持院《とうじいん》（京都）で営まれた際、足利義視が、参列した高僧たちに次のように嘆いたからにほかならない。すなわち、「義政と自分は、仲のよい兄弟であった。だが兄弟のあいだにさまざまな人びとが介在し、いろいろなことを申し立てたので、近年では対立するにいたってしまった」（「人の兄弟の親昵《しんじつ》は、東山殿（＝義政）と吾《われ》なり。然《しか》りといえども、人の白《もう》し成《な》しによって近年相隔《あいへだ》つなり」）というのである。この義視の嘆きからは、結局のところ義政・義視兄弟は最後まで応仁・文明の乱以来の「わだかまり」を解消できなかったことがうかがわれよう。

上述のように、義視は九代将軍義尚が死去すると、子息の義稙を連れて美濃から上洛してきたが、兄の義政は、義視との対面をかたくなに拒否した。義政が対面をようやく許したのは、彼が何度目かの卒中の発作を起こして倒れ、重篤におちいった延徳元年十月のことであり、これは、義視らが上洛してから実に半年も経った後のことであった。また、このころ京都の北野神社では、義政と義視兄弟が和解できるよう祈祷《きとう》がおこなわれ、義視も北野神社に参拝して太刀を奉納している（『北野社家引付』延徳元年十月二十七日条）。こういったことは、義政・義視兄弟がこのころ険悪な関係にあったことをうかがわせる。さすれば、義政が義視・義稙父子に権力を委譲することを拒否した理由のひとつも、ここに求めることができよう。

もっとも、義政の葬儀の際、義視から兄との険悪な関係についての嘆きを聞かされた高僧は、義視に次のようなエピソードを紹介している。

すなわち、かつて義視は、美濃国に在国していたころに臨済宗《りんざいしゅう》五山《ござん》派の高僧たちに対し、美濃に住むある禅僧を「五山派の建仁寺《けんにんじ》と南禅寺《なんぜんじ》の住持に任じてもらいたい」と要請したことがあった。だが五山派の高僧たちは、この禅僧がいまだ住持就任に必要な修行をすませていなかったことからこの要請を断った。するとこのことを知った義政は、「義視がせっかく要請してきたのだから、彼の面目《めんもく》がうしなわれないよう、特例としてこの禅僧を住持に任ずるように」と厳命し、ついに五山派の高僧たちを承服させた、というのだ。

つまり義政は、弟の義視に対して実は意外にやさしい心をもっていたわけである。このエピソードを兄の葬儀の席ではじめて聞かされた義視は、うなずき、そして仄《ほの》かに笑ったという（『蔭涼軒日録』延徳二年正月二十三日条ほか）。こういったエピソードがもっと早く義視の耳に入っていれば、義政・義視兄弟の仲は、あるいはもう少し違った結末をむかえたかもしれない。

だが、すべては手遅れであった。

義政の葬儀がおこなわれた等持院　京都市

第三章　義稙はなぜ外征を決断したのか

日野富子はなぜ逼塞してしまったのか

延徳《えんとく》二年（一四九〇）正月七日に義政が死去すると、足利将軍家の家督は、かねてから日野富子が推薦していた義稙が継承することになった。なお、義稙の家督継承の件は日野富子が朝廷に伝えており、このことは、富子が義稙を支持していたことをあらためてうかがわせる（『御湯殿上日記』延徳二年正月十三日条）。

ところで、義政が死去すると早くもその翌日には「御相続の事、左馬頭《さまのかみ》殿（＝義稙）治定《ちじょう》すと云々」（『後法興院記』延徳二年正月八日条）といった情報が広まるなど、義稙の将軍家相続は、既定路線であるかのようにたちまち決定するにいたった。義稙のライバルである清晃《せいこう》を次期将軍に推《お》す声もあったようだが、清晃は、まだ幼童であったうえ伊豆国から上洛してわずか三年しか経っておらず、さらに、頼みとすべき実家（清晃の父である足利政知《まさとも》。義政の庶兄）は京都から遠くはなれた伊豆国にあった。こうしたことから清晃側では、京都で十分に支持者を増やせなかったのであろう（ちなみに、清晃の父である足利政知は、この翌年の延徳三年四月三日に死去する）。

もっとも、義視《よしみ》・義稙父子のほうも、これまで十二年ものあいだ美濃に在国し、上洛してきたのはわずか半年前にすぎなかった。そのうえ義視は、応仁・文明の乱では西軍の総大将となって八代将軍義政に敵対し、さらに義視・義稙父子が九代将軍義尚《よしひさ》の死去を聞いて美濃から急きょ上洛してきた際には、「彼らが早く近江に参陣したり上洛してこなかったから、将軍義尚様は、一時帰京することができずに陣中で病没することになってしまったのだ。義尚様が没してしまった今ごろになって上洛してきても、無益ではないか」といった厳しい声も出されていた（『宣胤卿記』延徳元年四月十四日条）。こうしたことを考えるならば、義稙側のほうにも顕著な人気があったとは思われない。もし義視・義稙父子だけであったならば、義稙の将軍家相続は、これほど円滑にはすすまなかったのではないか。

しかし義稙は、日野富子がこれを支持していた。おそらく、義稙の将軍家相続がたちまち決せられたのは、富子の支持が大きな意味をもったのではないかと考えられる。

いうまでもなく日野富子は、先代の将軍たる義尚の生母であり、先々代将軍義政の御台所《みだいどころ》であった。しかも、将軍家に嫁《とつ》いですでに四十年近くにもなり、その間、将軍にかわって政務を取り仕切ったこともあった。さすれば、将軍や将軍経験者がすべて没したこの当時、日野富子は、まさに足利将軍家を代表するような人物であったといえよう。その富子が義稙を支持したのであるから、ほかに適当な候補者もいないなかで、義稙の将軍家相続に異をとなえることは誰もできなかったのではなかろうか。

さてこうして義稙が、次期将軍（十代将軍）となることが決まった。ところがその直後、義稙の父である足利義視と日野富子とが急速に対立していく。なぜだろうか。

このころ、日野富子は京都にある小川《こかわ》御所という邸宅を住まいのひとつとして使っていたのだが、彼女は、この邸宅を十代将軍継承争いで義稙に負けた清晃にあたえようとした。ところがこの小川御所は、今は亡き九代将軍義尚がかつて住まいとしたことから、「公方《くぼう》（＝将軍）御座の在所」といわれた由緒ある邸宅であり、これを富子が清晃にあたえようとしたことから、「富子は、清晃を次期将軍にしようとしているのではないか」といった噂が広まった。

すると、このことを知った足利義視は怒り、富子への報復として、小川御所を破壊したうえ富子のもつ所領をさしおさえ、また、富子が猿楽《さるがく》を楽しもうとしていると聞くと関係者に圧力をかけ、これを中止に追いこんだりしたという。こうしたこともあって、日野富子と義視との関係は急速に険悪となってしまった。当時の記録には、「近日、御台（＝富子）と下御所（＝義視）不快、以《もっ》ての外《ほか》のこと」とある（『後法興院記』延徳二年五月十八・十九日条）。

この結果、日野富子は夫義政の死後、剃髪《ていはつ》して法体《ほったい》（＝尼の姿）になったこともあって、自宅に逼《ひっ》塞《そく》してめったに外出しなくなった。家来の多くも解雇してしまったようで、「御法体以後、何方《いずかた》へも御成《おなり》無し。ことに御供衆《おともしゅう》これ無し」という状態であったという（『蔭凉軒日録』延徳二年十二月五日条）。

しかしそもそもなぜ日野富子は、清晃を優遇するような行動をとったのであろうか。彼女にとって、次期将軍に決まった義稙は日野家の血を継ぐ実の甥であったが、清晃とは直接的な血縁はない。それゆえ富子は、これまでつねに義稙のほうを支持してきた。それなのに富子が清晃を優遇しはじめた理由は定かではないが、あるいは彼女は、いきなり権力の座についた義視・義稙父子が暴走しないよう、なお有力な将軍後継候補のひとりであった清晃を優遇し、これによって父子を牽制《けんせい》して制御しようとしていたのかもしれない。

ところで、日野富子と義視との関係が悪化していったちょうど同じころ、有力将軍直臣である伊勢貞宗《さだむね》が、伊勢氏代々の当主が世襲してきた政所頭人《まんどころとうにん》（→25頁参照）の要職を辞任し、息子の貞陸《さだみち》にこれを譲った（東京大学史料編纂所架蔵影写本『室町幕府諸奉行次第』）。

伊勢貞宗は、かつて八代将軍義政を側近として支えた伊勢貞親《さだちか》の息子であった。また、日野富子が産んだ九代将軍義尚の養育係をつとめていたこともあって、富子とは近しい関係にあった。とすると、ここで伊勢貞宗が政所頭人を辞し、次期将軍義稙やその父義視と距離をおきはじめたことは、富子が義視と対立したことに連動した行動であったと考えることもできよう。

実は、日野富子の逼塞と伊勢貞宗の政所頭人辞任は、この後に起きる大事件――「明応《めいおう》の政変」の伏線であったのだ。だがそれは後にふれることにし、しばらくは将軍となった義稙に注目しよう。

将軍義稙はなぜ父の病にあわてたのか

延徳二年（一四九〇）正月に将軍家を相続することになった義稙は、七月五日に朝廷から征夷大将軍（十代将軍）に任ぜられ、有力大名細川一門を率いる細川政元《まさもと》や多くの将軍直臣たちから参賀を受けた。このとき義稙は、二十五歳であった。

なおこれは余談であるが、義稙の将軍任官の際には細川政元の邸宅が一時的に将軍御所とされ、義稙は、細川邸で将軍任官の公文書などを受けとった。

美濃から上洛した義稙が父の義視とともに住んだ通玄寺曇花院（三条御所）跡。現在は中京郵便局などが建っている　京都市

そもそも、父義視とともに美濃から上洛した義稙は、まずは妹の住まう通玄寺《つうげんじ》（曇花院《どんげいん》）に落ち着いた。次いで彼は、日野富子に招かれてその邸宅である小川《こかわ》御所に一時住み、その後ふたたび通玄寺にもどって父の義視とここを居所としていた。なおこの通玄寺は、京都の三条通りにあったので、義稙が通玄寺に住むようになるとここは「三条御所」と呼ばれた。しかし、三条御所＝通玄寺は手狭《てぜま》であったうえに、祝いの儀式をおこなう場所として寺はふさわしくなく、そこで義稙の将軍任官の儀式は三条御所ではなく、細川政元の邸宅においておこなわれることになったのである（東京大学史料編纂所架蔵写真帳『押小路文書』七七所収「将軍宣下記」、同写真帳『将軍宣下記』延徳二年七月五日条ほか）。

さて、こうしてはじまった十代将軍義稙の治世では、義稙の父である義視がしばしば政治に関与した。だが将軍義稙は、すで二十歳を越えて成人に達していたにもかかわらず、父の政治介入を嫌って父と対立することはなかった。これは、九代将軍義尚が成人するにつれて父義政の政治介入を嫌い、ついには父と対立し、近江の陣中に長期滞在してまでその介入を排除しようとしたのとは、きわめて対照的であったといえよう。将軍義稙は、父義視の政治関与を容認していたのであり、それどころか義視が延徳二年末ごろから腫物《はれもの》をわずらって体調をくずすと、義稙は大いに狼狽《ろうばい》した。

義稙は、父義視が病床に伏すと「父が安眠できるように」と住まいである三条御所内で音を出すことを厳禁とし、義稙自身も音を出さないように注意をはらい、義視の居室近くでは縁側《えんがわ》を歩かず、わざわざ庭を通ったという。義稙の気の使いようは尋常ではなく、もし下の者が御所内で音を出せばこれに激怒し、かえって父義視からたしなめられる、といったあり様であった。さらに義稙は、父の病が快方に向かわないことに苛立《いら》って主治医をつぎつぎに交替させ、ついには名医という噂を聞くや、怪《あや》しげな「藪医師」まで召し出して父の治療にあたらせたという（『雅久宿禰記』延徳二年十一月三日条、『晴富宿禰記』同二十六日条ほか）。

いったいなぜ将軍義稙は、父の病にかくも狼狽したのであろうか。

これは、父義視との関係が良好であったことにくわえ、将軍義稙に父を頼りにするところが大きかったからだと考えられる。そもそも義稙は、不思議なめぐりあわせで思いがけずに十代将軍となったが、もともとは将軍になれる立場にはなかった。父の義視は、応仁・文明の乱の際に兄である八代将軍義政に敵対し、乱後に京都から遠くはなれた美濃に追われた。その子息である義稙も、二十四歳になるまで十年以上にもわたって美濃で暮らし、もしこのまま何事もなければその一生を美濃で終えたことであったろう。

それが、従兄にあたる九代将軍義尚の早世などでいきなり十代将軍になったのであるから、義稙にはほとんど準備期間がなく、それゆえ将軍としてふさわしい基礎知識も心構《こころがま》えもなかった。義稙は将軍になる少し前、祖庭敬教《そていけいきょう》ら三人の禅僧たちが出陣祝いを献じてくると大いに喜び、彼らに「しかるべき寺の住持にしてやろう」と安請け合いをしてしまったが（↓39頁）、これなどは、義稙に将来の将軍としてふさわしい基礎知識や心構えがいかに欠如していたかを示す好例といえよう。

したがって将軍義稙としては、父の義視――かつて八代将軍義政の後継者とされ、また、応仁・文明の乱の際には西軍総大将として諸大名を引率するなど、それなりに政治経験をつんできた義視を頼りにするところが大きかったであろうことは想像にかたくない。その父が、これから将軍義稙の治世が本格的にはじまろうとするまさにその矢先に病床に伏したのだから、義稙が狼狽したのも無理からぬことだといえよう。

しかし、義稙の看護もむなしく、父の義視の病状は一向に好転しなかった。そしてついに延徳三年正月七日、義視は死去してしまった（享年五十三歳）。義稙が、将軍家を相続してわずか一年後のことであった。義稙にとって父の死は、重要な後ろ盾をうしなったことを意味していた。それゆえ義稙と彼を支える近臣たちは、義稙の政治的立場の強化をはかるなんらかの方策を考えなくてはならなくなった。だが、かつて義稙を支持してくれた伯母の日野富子とは関係が悪化していたから、義稙としては彼女の協力はあまり期待できない。では、どうすべきか。

そこで将軍義稙と近臣たちのあいだで浮上してきたのが、「戦争」であった。

「共通の敵」との戦いは味方同士の団結をつよめてくれる。そこで誰かを「敵」にし、将軍義稙が大名たちと一緒にこの「共通の敵」と戦うことで、将軍と大名たちとの団結をつよめ、義稙の政治的立場の強化をはかる契機を得よう、というのだ。

では、それはいかにしてすすめられていったのか。

将軍義稙の外征はどのようにすすめられたのか

義視が死去してから三か月後の延徳三年（一四九一）四月二十一日、将軍義稙は、「かつて九代将軍義尚から征伐を受けた、近江の大名六角高頼《ろっかくたかより》がふたたび勢威を盛り返してきた」として、みずから出陣してこれを征伐すると発表した。そして、大名たちにも六角征伐に参加するように、と大号令を下した（『蔭涼軒日録』延徳三年四月二十一日条）。

この大号令をうけて各地の大名たちは、それぞれの領国から続々と京都にのぼり、将軍義稙のもとに参集した。その主な大名は、細川一門を率いる細川政元《まさもと》（主要領国は、山城・摂津・丹波など）をはじめ、畠山氏（畠山政長《まさなが》。河内・紀伊・越中など）、斯波《しば》氏（斯波義寛《よしとお》。越前・尾張など）、赤松氏（赤松政則《まさのり》。播磨・美作など）、阿波《あわ》細川氏（細川義春《よしはる》。阿波）、淡路細川氏（淡路）、若狭武田氏（若狭）、山名氏（但馬・因幡など）、一色《いっしき》氏（丹後）、京極《きょうごく》氏（北近江）、土岐氏（美濃）、北畠《きたばたけ》氏（伊勢）、仁木氏（伊賀）、大内氏（周防・長門など）などであり、足利将軍家の麾下《きか》にあるほとんどすべての大名たちが、将軍義稙の号令をうけて彼のもとに参陣したといってよかろう。

もともと大名たちは、応仁・文明の乱前までは足利将軍のお膝元《ひざもと》である京都に住まうことを義務づ

京都の一条通と油小路通の交差点　このあたりに義稙が住んだ「一条御所」があった　京都市

けられていたが、乱以降は、大名たちのほとんどが京都をはなれ、各々の領国に下っていた。だが、将軍義稙から「参陣せよ」との号令が下されると、多くの大名たちはこれに応じて続々と京都にのぼった。しかも、当時の記録に「大名ども悉《ことごと》く以《もっ》て罷《まか》り上《のぼ》るものなり。仰《おお》せ出《い》ださざる体《てい》も、面々罷り上ると云々」（『大乗院寺社雑事記』延徳三年十一月二十九日条）とあるように、将軍義稙から出陣命令を受けなかった者たちまでもが京都にのぼり、義稙のもとに続々と参陣したという。

一方、将軍義稙も、また寺（通玄寺《つうげんじ》）にあった三条御所から出陣するのは不吉だと考えたのか、阿波《あわ》細川氏当主の細川義春がもつ京都・一条油小路《いちじょうあぶらのこうじ》の邸宅に移り、ここで出陣の準備をすすめた。なお、義稙が新たな住まいとしたこの一条油小路の邸宅は、以後「一条御所」と呼ばれる（『大乗院寺社雑事記』延徳三年七月六日条ほか）。

そして延徳三年八月二十七日、ついに将軍義稙は、大軍を率いて京都を出陣し、近江に向かった。このとき将軍義稙が率いる六角征伐軍は、多数の大名たちの参陣によって「雲の如《ごと》し、霞《かすみ》の如し」といわれるほどの大軍にふくれあがっていたという。この出陣の模様を見物したある高僧は、「惣《そう》じて数万人なり。（中略）常徳院殿《じょうとくいんでん》（＝九代将軍義尚）御出陣に百倍なり」と、四年前に九代将軍義尚が六角征伐に出陣した際の百倍もの大軍勢だ、と大いに驚嘆している（『大乗院寺社雑事記』延徳三年八月二十七日条、『実隆公記』同日条）。

今日、しばしば「応仁・文明の乱以降、足利将軍はその勢威を低下させてもはや京都だけの存在になってしまった」といわれるが、これほど多くの大名たちが義稙のもとに参陣していたことを考えれば、このような見方が誤りであることは明らかといえる。応仁・文明の乱が終結して十年以上も経たこの段階にいたっても、将軍の大名動員力はなお衰《おとろ》えていなかった。

将軍義稙が本陣をおいた三井寺　滋賀県大津市

さて京都を出陣した将軍義稙は、近江国大津（滋賀県大津市）の三井寺《みいでら》光浄院《こうじょういん》に本陣をすえた。そして、参陣してきた大名たちの労をねぎらうとともに、一大名につきその重臣二名をとくに御前に召し、彼らにも親しく酒を賜った（『蔭涼軒日録』延徳三年九月二十三日条）。そのうえで義稙は、播磨赤松氏（赤松政則《まさのり》）と若狭武田氏（武田元信《もとのぶ》）を「師《いくさ》奉行」（司令官）に任命し、六角征伐軍の主力とするとともに、細川政元を近江国の守護に任じ、彼に六角征伐の先陣をまかせた（『蔭涼軒日録』延徳三年九月九日、十一月十日条ほか）。これを受けて細川政元は、重臣の安富元家《やすとみもといえ》に命じて南近江の深部まで進撃させ、安富に率いられた細川勢はたちまち六角氏の拠点のひとつであった金剛寺《こんごうじ》（滋賀県近江八幡市）にまで到達し、ここを本拠に南近江全土を掌握していった（『大乗院寺社雑事記』延徳三年十月一日条ほか）。

一方、征伐を受けた六角高頼は、これより先、山深い南近江の甲賀《こうか》（滋賀県甲賀市）にいち早く退去した。彼は、九代将軍義尚から征伐を受けた四年前もやはり甲賀にしりぞき、ここを拠点にゲリラ戦を展開したから、今回もまた甲賀の山岳にこもってゲリラ戦をしかけようとしたのであろう。

だが、六角方の劣勢は明らかであった。そのため前途を悲観したのか、六角氏一門の有力者である六角政綱《まさつな》が、将軍義稙のもとに降参してきた。しかし義稙は、これを誅伐《ちゅうばつ》して六角氏に断固たる姿勢でのぞむことを示した。なおこの六角政綱の誅伐に際しては、赤松氏の重臣である浦上則宗《うらがみのりむね》と斯波氏重臣である織田敏定《としさだ》が功績をあげた。そこで義稙は、この両人をとくに御前に召して剣をあたえた。するとこれをみた人びとは、このような厚遇は「千載《せんざい》の名望」だとして、浦上と織田を「人（は）皆、羨《うらや》」んだという（『蔭凉軒日録』延徳三年十一月十九日ほか）。

こうして、延徳三年八月からはじまった将軍義稙による六角氏征伐は、義稙側の圧倒的優位のもとに推移した。しかし、翌年の明応《めいおう》元年（延徳四年）になると六角側も反撃に転じた。明応元年三月、六角軍は、最前線にある安富元家の陣所金剛寺を奇襲攻撃したのだ。これに対して安富は、油断していたこともあって六角軍にふいをつかれて大敗し、金剛寺から敗走するという失態を演じてしまった（『大乗院寺社雑事記』明応元年四月三日条ほか）。

そこでこれを知った将軍義稙は、ただちに反撃を決意した。そして、六角征伐軍の主力たる赤松・斯波・若狭武田氏の三大名に出撃を命じた。

将軍義稙の命令をうけた三大名たちは、赤松氏の重臣浦上則宗、斯波氏の重臣織田敏定、若狭武田氏の重臣逸見弾正《へんみだんじょう》を将とする千人ほどの兵を最前線に送りこんだ。そして浦上・織田・逸見の三将は、安富元家と連携しつつ、明応元年三月二十九日に簗瀬河原《やなせ》（滋賀県東近江市）というところで六角勢と戦い、四千人もの大軍であった六角勢を完膚《かんぷ》無きまでにうちやぶった。このときの六角方の戦死者は、実に二百人以上にもおよんだという（『蔭凉軒日録』明応元年四月一・三日条ほか）。ちなみにこの戦勝に喜んだ将軍義稙は、軍功をあげた浦上則宗らに感状《かんじょう》と太刀をあたえ、浦上らを感激させた。なお浦上はこれによほど感激したのか、この直後に開催された祝勝会にかねてから知り合いであったある高僧を招き、彼に義稙からもらった感状と太刀をみせて功を誇っている（『蔭凉軒日録』明応元年四月十八日条）。

さて、簗瀬河原での戦いに勝利した将軍義稙は明応元年五月、六角高頼が隠れひそんでいる南近江の甲賀《こうか》を本格的に攻撃することを決断した。

そして、六角勢に大敗する失態を演じて諸将のあいだで評判が悪かった安富元家に替えて、斯波義寛《よしとお》を先鋒の大将に任命すると、斯波・赤松・若狭武田氏の三大名を主力とする攻撃軍を甲賀に出撃させた。さらに将軍義稙は、なんとみずからも琵琶湖を押しわたって甲賀に出撃せんと決意し、参陣している十五家あまりの大名たちや将軍直臣らにこれを伝え、彼らにも従軍するようにと下知した（『蔭凉軒日録』明応元年五月四日、七月十九日条ほか）。

こうして明応元年十月十六日、将軍義稙は、ついに自身で大名・将軍直臣衆らの大兵を率いて本陣

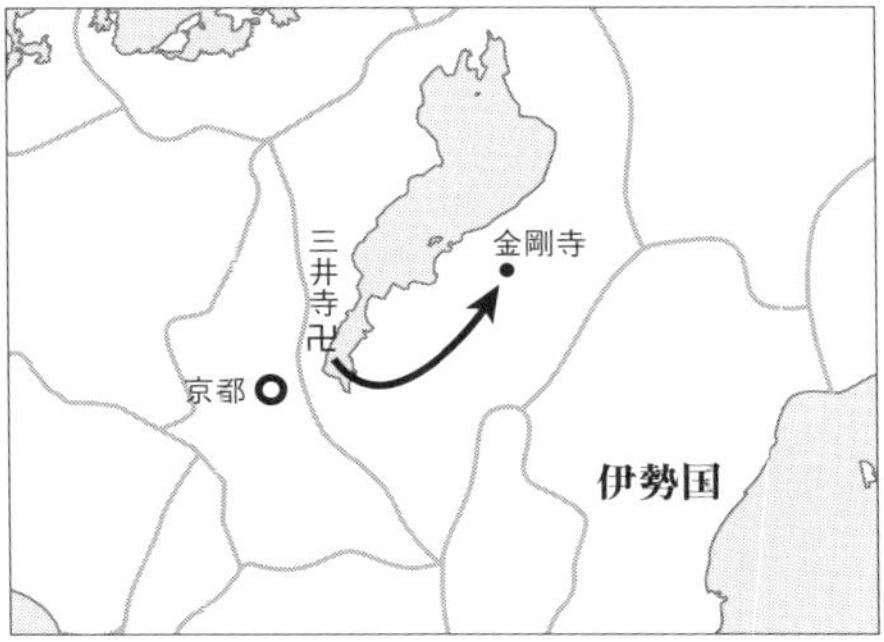

図2　六角征伐関係図　将軍義稙は、みずから兵を率いて最前線の金剛寺まで進撃した
写真下：将軍義稙が本陣とした金剛寺跡　滋賀県近江八幡市金剛寺町に碑が建てられている

の三井寺光浄院《みいでらこうじょういん》を出撃し、十七日には最前線である金剛寺に入ってここに本陣をおいた。

　これに対して六角勢は、将軍義稙軍の圧倒的な武力の前に敗走をかさね、甲賀から隣国の伊勢国（三重県）にまで逃げたが、伊勢の大名北畠《きたばたけ》氏によって百人ほどが斬られるなど惨敗《ざんぱい》を喫《きっ》した（ただし、六角高頼は逃走した）。これをみて満足した義稙は明応元年十一月十八日、金剛寺の本営に大名たちを集めて凱歌《がいか》をあげ、戦後処理をすませたうえで十二月十四日に京都に凱旋した。従軍していた大名たちも義稙にしたがって京都にはいり、こうして一年半におよんだ義稙の六角氏征伐は終了した。六角高頼本人は逃がしたものの、この外征はほぼ成功裡《り》に終わったといってよかろう（『蔭涼軒日録』明応元年十月十六日、十一月十六日、十二月十四日条ほか）。

　しかし、将軍義稙は兵馬を休めなかった。

京都に凱旋した将軍義稙は、この直後の明応二年（一四九三）正月、今度は河内国《かわち》（大阪府東部）の大名である畠山基家《はたけやまもといえ》を征伐すると発表し、大名たちに従軍するようふたたび大号令を下した。

そもそもこの畠山氏は、将軍家の重臣筆頭たる「管領《かんれい》」にも就任しうる有力大名であったが、応仁・文明の乱前から、次期当主の地位をめぐって一族・家臣が二つに分裂して相争う状態がつづいていた。この明応二年当時、畠山氏当主をめぐる争いは、畠山基家と畠山政長《まさなが》とのあいだで繰り広げられており、このうち畠山政長は、将軍義稙に近づいて「ライバルである畠山基家を討伐してくれるように」と願った。そこで義稙はこの願いを聞きとどけ、ここに畠山基家征伐が決定されたのであった（『蔭凉軒日録』明応二年正月二十日条、『親長卿記』同年二月十五日条ほか）。

こうして明応二年二月十五日、将軍義稙は河内に向けて京都を出陣した。このとき義稙のもとに参陣した大名は、畠山政長をはじめ、赤松氏（赤松政則）、斯波氏（斯波義寛）、阿波細川氏（細川義春）、淡路細川氏、若狭武田氏、能登畠山氏、一色氏、京極氏、大内氏、山名氏、土岐氏など、前回の近江六角氏征伐のときと同様に多数にのぼったという（『蔭凉軒日録』明応二年二月十五日条）。

将軍義稙は、これら大名兵ら「雲霞《うんか》の如《ごと》き」大軍を率いて京都を立つと、二月二十四日には最前線の河内国正覚寺《しょうかくじ》（大阪市平野区）に入ってここを本陣とした。今回もまた将軍義稙みずからが最前線に立ったのであった。義稙にしたがう大名たちも、それぞれ兵を率いて進軍し、畠山基家が籠城している高屋《たかや》城（大阪府羽曳野市）周辺に布陣してこれを包囲した。この結果、畠山基家方の小さな城はつぎつぎに陥落し、基家はたちまち孤立した（『大乗院寺社雑事記』明応二年三月一日条ほか）。

もはや将軍義稙の勝利は目前であった。では義稙は、この外征でなにを得たのであろうか。

将軍義稙が外征によって得たものはなにか

将軍義稙は、多くの大名たちを引きつれて近江六角氏征伐を成功させ、次いで実施した河内の畠山基家《もといえ》征伐もまた、多くの大名たちを使った圧倒的な武力によって順調にこれをすすめていった。

実は、将軍義稙はこのあとに越前朝倉《あさくら》氏の征伐も予定していた。このころ、将軍義稙にしたがう有力大名であった斯波《しば》義寛《よしとお》は、その領国のひとつ越前国（福井県東部）で地元の有力者朝倉貞景《さだかげ》が台頭してきたことに手を焼いていた。それゆえ斯波は、将軍義稙に「朝倉氏を討伐してほしい」と要請したのであり、義稙はこれを了解し、みずから越前にまで遠征して朝倉氏を討とうとしていたという（『蔭涼軒日録』延徳三年十月十一・十二日条ほか）。結局、この朝倉氏征伐は実現しなかったのだが、もしこれが実現していれば、将軍義稙の号令によってやはり多くの大名たちが動員され、朝倉氏は討伐されたことであろう。

では将軍義稙にとって、二度にわたる外征にはどのような利点があったのであろうか。

彼がこれらの外征によって手にした利点として考えられるもののひとつは、この外征で自分が将軍としてふさわしい「器量《きりょう》」をもっていることを内外に示しえた、ということがあげられよう。

そもそも、中世後期社会では「将軍、大名、在地領主それぞれの地位にある者は、おのおの日本列島内、領国内、所領内における平和と秩序を維持する責任がある。それゆえそれぞれの地位にある者は、家臣たちからきちんと支持され、おのれの責任をまっとうするだけの『器量』をもたねばならない」と考えられていたという（佐藤進一、一九九〇年、一四一頁）。

したがって、将軍義稙もまた大名たちから支持され、将軍としてふさわしい「器量」をもっていることを内外に示していかねばならなかったのであり、そうした義稙にとって外征は、これを示す絶好の機会になった。というのは、義稙はこの外征の際、見物人を驚嘆させるほど多くの大名たちを率いて出陣し、これによって自分が多くの大名たちから支持されていること、つまり将軍としての責任をまっとうするだけの「器量」をもっている、ということを内外に広く示しえたからにほかならない。

また、将軍義稙が外征によって手にしたもうひとつの利点として、みずからの軍事的力量を示しえたということもあげられよう。

近世史家の高木昭作氏によれば、江戸時代の初期ではまだ「大名の子が自動的に大名になる」という慣行が安定しておらず、大名家を相続した者（大名の子）は、家臣たちにみずからの「武威《ぶい》」（武の力）を示すことで自分が大名としてふさわしい軍事的力量のあることを証明し、家臣たちの心服をあらためて獲得していかなくてはならなかった、という（高木昭作、二〇〇三年、第二章）。

こうした傾向は江戸時代以前ではいっそう顕著であったと推測され、将軍家を相続したばかりの義稙も、大名たちに自分が将軍家相続者としてふさわしい軍事的力量のあることを早急に証明していかなければならなかったと考えられる。そしてそのような将軍義稙にとって、二度の外征はおのれの軍事的力量を示す格好の場になった。というのは義稙は外征の際、多くの大名たちを率いて戦場におもむくのみならず、自身で最前線に立って指揮し、みずからの手で敵を追いつめてその武威を示しえたからにほかならない。義稙にとって外征は、自分の軍事的力量を内外に誇示する絶好のデモンストレーションの場にもなったのであり、さすればこの点も、彼が外征によって手にした利点のひとつと考えてよかろう。

将軍義稙が外征で手に入れた三つ目の利点と思われるものは、参陣してきた大名やその重臣たちと親密な関係を築きあげる契機を得ていったことであろう。

先にも述べたように応仁・文明の乱以降、多くの大名たちは、京都をはなれてそれぞれの領国に下り、京都の将軍家とは乱前にくらべて疎遠になっていた。しかし、将軍義稙によって近江六角《ろっかく》氏征伐などが開始されると、各地の大名たちは義稙の命令を受けて続々と国許から義稙のもとに参陣し、義稙とともに「共通の敵」と戦うことになった。こうした「共通の敵」との戦いが、味方同士の団結力を強化することを想起するならば（→25頁）、外征が義稙にとって大名たちと親密になるきっかけとなったであろうことは想像にかたくない。

また、近江六角氏征伐につづいて実施された河内の畠山基家征伐は、将軍義稙が畠山政長《まさなが》の願いを聞きとどけ、その実施を決定したものであった。つまり義稙は、畠山政長という有力大名に「恩を売った」ことになったわけであり、さすれば、義稙が畠山政長からあつい忠誠心を入手しえたであろうことは十分考えられよう（実際、畠山政長とその子の尚順《ひさのぶ》は、その後終始一貫して義稙を支持した）。

さらに将軍義稙は、参陣してきた大名ばかりではなく、その重臣たちにも親しく接した。たとえば酒を賜ったり、軍功をあげればわざわざ御前に召してみずからで褒賞《ほうしょう》を下すなど、人もうらやむような殊遇《しゅぐう》を彼らにあたえた（↓64頁）。こうしたことが、義稙と大名重臣たちの関係もより親密にさせる契機になったであろうことは十分に考えられる。将軍が大名重臣を掌握しておくことは、大名家中に楔《くさび》をうちこみ、大名を牽制するうえで有用であったから、義稙は外征をつうじて大名牽制の手段をも入手しえた、といえよう。

以上のように、将軍義稙にとって二度にわたる外征は、さまざまな利点のあるものであった。

もともと義稙は、京都から遠くはなれた美濃で長く暮らし、しかも応仁・文明の乱の際に西軍の総大将であった義視の子息であったことから、これまで京都において八代将軍義政や九代将軍義尚《よしひさ》を支えてきた将軍直臣たちとはあまり親しくなく、将軍としての政治的立場は堅固なものではなかった。そのうえ、前将軍義尚の急死によっていきなり将軍となったことから、準備も不足し、将軍としての心構えも基礎知識も十分ではなかった。義稙が父義視の病にあれほど狼狽《ろうばい》したのは、このころの義稙の立場がいかに不安定なものであったかを物語っている。

しかし将軍義稙は、二度の外征によって自分が多くの大名たちから支持され、将軍としての責任をまっとうするだけの「器量」をもっていることを内外に示した。また、戦場においてはみずから最前線で采配《さいはい》をふるい、敵を追いつめることでその「武威」を示し、おのれが将軍家相続者としてふさわしい軍事的力量を兼ねそなえていることも証明した。さらに、大名たちとともに「共通の敵」と戦うことによって、応仁・文明の乱以降しだいに京都の将軍家と疎遠になっていた大名たちとの団結力をつよめる契機を手に入れていった。このように考えれば、義稙はなかなか見事に新政権をスタートさせた、といってもよかろう。

※　　※　　※

さて、明応《めいおう》二年二月からはじまった将軍義稙による河内の畠山基家征伐は、順調にすすみ、もはや義稙の勝利は目前であった。

しかしこの少し前、奈良・興福寺《こうふくじ》のある高僧は、奇妙な情報を耳にしていた。将軍義稙の畠山基家征伐がはじまる直前、基家の重臣のひとりが次のように述べていたというのだ。すなわち、「もし将軍義稙が攻めかかってきても、こちらとしてはなんら問題はない。なぜならば、伊勢貞宗《さだむね》以下、大名たちとはすでに話しがついているからだ（＝御動座《どうざ》ありといえども、無為子細《むいしさい》たるべし。勢州《せいしゅう》以下、大名申し下す子細これあり）」というのであり、これを知ったこの高僧は、「大方《おおかた》、不審《ふしん》のことなり」と首をひねっている（『大乗院寺社雑事記』明応二年二月十三日条）。

いったい、これはどういうことなのであろうか。なぜこの重臣は「将軍義稙が攻めてきても大丈夫だ」などと豪語していたのであろうか。「大名たちと話しがついている」とは、いかなることなのであろうか。

実はこのころ、おそるべき陰謀が画策されていたのだ――。

第Ⅱ部　クーデターと苦難の日々

富山県射水市の放生津橋にある義稙の銅像

第一章　義稙はなぜ将軍位を追われたのか

明応の政変とはどのような事件であったのか

将軍義稙による河内国（大阪府東部）の畠山基家《はたけやまもといえ》征伐が順調に推移していた、まさのその最中《さなか》の明応二年（一四九三）四月二十二日晩、京都で大事件が発生した。畿内最大の勢威をほこっていた有力大名の細川政元《まさもと》が、京都で兵をあげ、将軍義稙を廃し、かわりに義稙の従兄《いとこ》にあたる清晃《せいこう》を新将軍に擁立したのだ。いわゆる「明応《めいおう》の政変」のはじまりであった。

挙兵した細川政元は、ただちに清晃を遊初軒《ゆうしょけん》という寺に迎えてこれを保護したうえ、京都市内にある将軍義稙関係者の邸宅に兵をむけた。この結果、細川兵によって義稙の弟・妹たちが入寺する三《さん》宝院《ぼういん》や曇花院《どんげいん》、慈照寺《じしょうじ》といった寺々や、義稙の側近である葉室光忠《はむろみつただ》の邸宅などが、つぎつぎと襲撃されて破壊されていったという（『親長卿記』明応二年四月二十三日条、『晴富宿禰記』同日条ほか。なお、義稙の弟・妹たちについては、後に整理する→179頁）。

その後、清晃は細川政元によって遊初軒から洛中にある政元の邸宅に移され、四月二十八日に還俗《げんぞく》（＝僧から俗人にもどること）して「足利義遐《よしとお》」と名のった。

なお義遐は、この直後の六月に「遐の字が不吉だ」という禅僧たちの助言をうけて「義高《よしたか》」と改名し、その後、文亀《ぶんき》二年（一五〇二）七月には再度改名して「義澄《よしずみ》」と名のった（『実隆公記』明応二年正月至九月紙背文書、文亀二年七月二十一日条ほか）。ただ、一般には最後の義澄という名で知られているので、本書でも彼のことを足利義澄という名で呼ぶことにしよう。このとき義澄は十四歳であった。伊豆国堀越《ほりごえ》を本拠とする足利政知《まさとも》（八代将軍義政の庶兄）の子として生まれ、六年前に将軍家とゆかりのある天龍寺香厳院《てんりゅうじきょうげんいん》の住持になるべく伊豆から上洛したばかりの義澄は、まさか自分がこのような形で将軍に擁立されようとは夢にも思っていなかったことであろう。

新将軍に擁立された足利義澄像　京都市・等持院蔵

さて、「細川政元が、将軍義稙を廃すべく京都で兵をあげた」との知らせは、畠山基家を討伐するために京都を出陣して河内国正覚寺《しょうかくじ》（大阪市平野区）にあった将軍義稙のもとにも伝えられ、従軍していた将軍直臣や大名たちをはげしく動揺させた。そして将軍義稙のもとにあった直臣らは、その大半が早々に義稙を見捨てて京都の足利義澄のもとに参集してしまい、大名たちも、また畠山政長《まさなが》をのぞいて義稙を積極的に支援した者はなく、すべて義稙のもとから立ち去ってしまった。

しかし、「公方《くぼう》（＝将軍義稙）に御勢《おんぜい》は八千ばかりこれあるべし。大名ども退散せしむといえども、陣々は元のごとし」（『大乗院寺社雑事記』明応二年閏四月一日条）といわれたように、将軍義稙側

義稙、畠山政長らが籠城した正覚寺城跡の碑　大阪市平野区の旭神社境内にある

には畿内の有力大名である畠山政長が味方し、なお意気盛んであった。その後将軍義稙と畠山政長は、細川軍によってしだいに追いつめられ、ついに本営としていた正覚寺に籠城することになったが、それでもなお徹底抗戦のかまえをくずさず、正覚寺に百あまりもの櫓《やぐら》を建設して堅牢な要塞となし、一番高い櫓に義稙の御座所をおいてきびしく防備をかためたという（『大乗院寺社雑事記』明応二年閏四月十九日条）。

　こうしたなか、正覚寺に籠城する将軍義稙と畠山政長を救援すべく、明応二年閏四月中旬に畠山政長の領国のひとつである紀伊国（和歌山県）から援軍が正覚寺に向けて出発した。この紀州勢は、数千とも一万ともいわれる大軍であった。したがって、もしこの紀州勢が義稙らの籠城する正覚寺に無事に入城することになったならば、細川政元の挙兵は失敗に終わっていたことであろう。だがこの紀州勢は、正覚寺にいたる途中の和泉国堺《さかい》（大阪府堺市）において、細川政元に味方する播磨（兵庫県西部）の大名赤松氏（赤松政則《まさのり》）によって行《ゆ》く手をはばまれてしまった。

　ちなみにこの赤松氏は、将軍義稙によって二年前に実施された近江六角《ろっかく》氏征伐に積極的に協力するなど、義稙とは親しい関係にあった。それゆえ、細川政元が義稙に反旗をひるがえして挙兵した直後には「赤松氏は、細川政元ではなく、義稙のほうに味方するのではないか」といった噂もしきりに流れた。だが、このころ赤松氏の当主赤松政則は、細川政元と近しい関係にあり、とりわけ細川政元の挙兵の二か月前には政元の姉と結婚し、これによって細川方と緊密な関係を深めていた。そのため赤松氏は、最終的には細川政元に味方することを決し、義稙の籠城する正覚寺を救援しようと進撃してきた紀州勢に対し、堺でその行く手をはばんだのだ。

こうして、正覚寺の救援に向かおうとする紀州勢とこれを阻止したい赤松軍とは、堺においてにらみあい、しばらくは「通せ」「通さぬ」と問答をつづけたが、ついに両者のあいだで合戦となった。紀州勢は、海上に数十艘の軍船を浮かべ、陸からだけでなく海からも堺の赤松軍をはげしく攻めたてたという。これに対して赤松軍も、大将の赤松政則みずからが出陣して奮戦し、数時間におよぶ激闘の末についに紀州勢をうち負かした。これは明応二年閏四月二十二日のことであり、この紀州勢の敗北は、正覚寺に籠城していた将軍義稙や畠山政長らに衝撃をあたえた。

赤松政則肖像　京都市・六道珍皇寺蔵

というのは、正覚寺では籠城がすでに一か月近くにおよび、そろそろ兵粮《ひょうろう》がつきかけていたからにほかならない。それゆえ義稙らは、紀州勢が救援に来ることを望みとしていたのだが、その紀州勢が堺で赤松軍に大敗し

自殺した畠山政長の墓　大阪市平野区

たのであり、これを知った義稙や畠山政長らは大いに落胆した。

その結果、絶望した畠山政長はこの直後に正覚寺で自殺してしまい、その子息の畠山尚順《ひさのぶ》は、正覚寺を脱出して紀伊国に逃走した。そして将軍義稙も、また抵抗する気力をうしない、明応二年閏四月二十五日にわずかな近臣とともに正覚寺を出て細川方に降伏するにいたった。

降伏後、義稙は細川兵によって近くの四天王寺（大阪市天王寺区）に移された後、明応二年五月二日に大群衆が見物するなか京都に連行され、細川一門とゆかりの深い京都北山の龍安寺《りょうあんじ》に押しこめられた。このとき義稙は、古びた板輿《いたごし》に乗せられ、わずか六名の近臣しか引率を許されなかったという。このたった三か月前に義稙は、多数の大名・将軍直臣らをしたがえて「雲霞《うんか》のごとき」大軍を引率し、京都から河内に向けて堂々と出陣したのであるから、それを思えばこのときの義稙の姿は、ひとしお哀《あわ》れであったといえよう（以上、『蔭凉軒日録』明応二年閏四月二十四日、五月二日条、『晴富宿禰記』明応二年閏四月二十六日条ほか）。

こうして義稙は、あっけなく細川政元に逮捕されてしまった。これは、義稙にしたがって河内に参陣していた大名たちや将軍直臣らの多くが、細川政元の挙兵を聞いても義稙を積極的には支援せず、むしろ細川政元に擁立された足利義澄のほうに参集してしまったからにほかならない。
ではいったい、なぜ大名たちや将軍直臣らは、義稙を支援しなかったのであろうか。

将軍義稙はなぜ周囲から積極的に支援されなかったのか

大名たちや将軍直臣らの多くが、細川政元の挙兵を聞いても義稙を支援しなかったのは、もとより細川政元が畿内最大の有力大名であったことからその勢威に恐れをなした、ということがその理由としてあげられようが、これ以外にも、義稙が将軍となってまだ三年と日が浅く、それゆえに大名や将軍直臣らと緊密な親近関係をいまだ十分には構築できていなかった、ということもその理由のひとつとしてあげられようかと思われる。

そもそも義稙は、これまで長いあいだ美濃国で暮らし、上洛して十代将軍になったのはわずかに三年前にすぎなかった。したがって義稙は、多くの大名たちや将軍直臣らにとっては馴染《なじ》みのある人物ではなく、そこで彼は上洛して将軍になると、大名や将軍直臣たちとのあいだに親密な関係が構築されるよう心がけた。

たとえば、畿内の有力大名である畠山政長の依頼をうけ、政長のライバルである畠山基家《もといえ》征伐を実施してやることで政長との親近関係をいっそう強化した（→67頁）。細川政元の挙兵後、畠山政長が最後まで義稙とともにあったのは、こうした親近関係のゆえにほかなるまい。また義稙は、多くの大名・将軍直臣たちを引きつれて外征を実施し、大名・直臣たちとともに「共通の敵」を討つことで彼らとの団結を深めようとしていった（→70頁）。だが、こうしたこころみがはじまったのは、わずか三年前からであり、これほどの短期間では、細川政元の挙兵の際に多くの大名・将軍直臣たちから積極的な支援を受けるほどの親近関係を十分には構築しえなかったといえよう。

また、将軍直臣や大名たち、とりわけ大名たちのあいだで義稙に対するつよい不満があったことも、彼らが細川政元の挙兵の際、義稙を積極的に支援しなかった理由のひとつであったとみられる。

義稙は、将軍となると近江六角氏の征伐を実施し、それが終了するとただちに河内の畠山基家を討つべく多くの大名たちに参陣するよう号令した。これを受けて大名たちは、義稙のもとに参陣して奮戦したが、彼らはこの河内征伐に不満をもち、その陣中では厭戦《えんせん》気分もみなぎっていたという。

たとえばこのころ京都にいたある公家は、その日記に次のようなことを書きとめている。すなわち、「義稙の河内征伐は、細川政元の反対を押し切って強行されたものであった。また多くの大名たちも、将軍たる義稙の命令なので参陣はしたが、義稙から『攻め寄せよ』と下知されてもなかなかこれにしたがわず、皆ことごとく迷惑した。そこで細川政元以下の大名たちは、ついに義稙を廃し、新将軍として足利義澄を擁立することに決したのだ」という（『晴富宿禰記』明応二年閏四月三日条）。また、同じころ奈良にいたある高僧も、義稙の河内征伐について「合戦においてはその沙汰におよばず。諸大名、これを嫌うと云々」と日記に書いている（『大乗院寺社雑事記』明応二年三月二日条）。ここからも、大名たちのあいだで厭戦気分がみなぎっていたことが知られよう。

ではなぜ大名たちは、河内征伐を嫌ったのであろうか。

大名たちは、義稙によって最初に実施された近江六角氏征伐、次いで実施された河内の畠山基家征伐のいずれにもその多くが参陣を果たし、義稙から参陣命令を受けなかった者たちまでもがすすんで参陣していたという（↓62頁）。ところで、このように多くの大名たちが参陣し、彼らにとって直接的な対立関係にあったわけでもない六角氏や畠山基家を討つことに協力したのはなぜだろうか。その理由についてはいろいろなことが考えられ、たとえば、後にもふれるように大名たちにとって将軍にはまださまざまな利用価値があったから、「利用価値のある将軍との関係を悪化させたくない」といった判断のあったことが、大名たちが参陣に応じていた理由のひとつであったかもしれない。あるいは、「多くの大名たちが参陣する中で、自分だけ参陣を拒否すると孤立してしまい、今度は自分が討伐の対象にされてしまうのではないか」といった懸念が、大名たちにあった可能性もあろう。

また、大名たちのあいだに「今、義稙の外征に参陣してきちんと協力しておけば、将来もし自分が強敵に遭遇したとき、義稙に依頼して多くの大名たちを動員してもらい、今度は自分がこれら大名たち集団の力で強敵を討ってもらえるだろう」という期待のあったことが、大名たちに参陣をうながした要素であったのかもしれない。

さらには、参陣命令を受けなかった者たちまでが自発的に参陣したのは、将軍がもつ「権威《けんい》」が関係していた可能性もあろう。権威とは「他人を自発的にしたがわせる力」であり、「足利尊氏以来すでに百五十年以上にもわたって天下に君臨してきた足利将軍には、そうした権威があり、それが多くの大名たちを自発的に参陣せしめたのだ」という見方の成り立つ余地も皆無とはいえなかろう（もっとも、この権威を具体的に実証することは今のところ困難だが）。

しかし戦争は、大名たちにとってやはり多大な負担となるものであった。たとえば、義稙の近江六角氏征伐に従軍した周防国《すおう》（山口県）の大名大内氏《おおうち》は、国許から運びこんだ兵粮米《ひょうろうまい》が実に一万六千石にものぼったという。また、やはり近江征伐に従軍していた赤松氏の領国である播磨国（兵庫県西部）では、荘園の代官が領主に「当年は赤松氏が出陣しているので、赤松氏からいろいろな税が過分《かぶん》に賦課されている」と嘆いている（以上、『蔭凉軒日録』明応元年七月十三日条、『実隆公記』延徳三年十一月九日条）。

ところが義稙は、こうした負担の多い戦争を大名たちに立てつづけに求めてしまった。すなわち義稙は、近江六角氏の征伐を実施し、それが終了するとすぐに今度は河内の畠山基家征伐を実施した。しかも、そのあとは越前朝倉氏征伐も実施しようとしたのであり、こういったことが、大名たちに不満を生ぜしめたであろうことは想像にかたくない。その不満が、多くの大名たちに河内征伐に対する厭戦気分を引き起こし、そしてついには、細川政元の挙兵によって「将軍義稙を選ぶのか、それとも清晃《せいこう》（足利義澄）を選ぶのか」という二者択一をせまられた際、多くの大名たちを「義稙を積極的には支援しない」という行為に一斉に奔《はし》らせることになったのではあるまいか。

ただし、多くの大名たちが義稙を積極的に支援しなかったのは、こういった義稙への不満だけでなく、日野富子《ひのとみこ》の動向も大きく影響していたと思われる。富子は、細川政元が足利義澄を擁立するといち早くこれを支持し、義澄陣営を「悉皆《しっかい》（＝すべて）指南《しなん》申され」たうえ、後に義澄を自分の猶子《ゆうし》（＝

形式的な養子）にしてその「准母《じゅんぼ》」になっている（以上、『大乗院寺社雑事記』明応二年閏四月四・五日条、『後法興院記』明応五年五月二十五日条ほか）。

では富子は、この政変においていかなる役割を果たしていたのであろうか。

政変での日野富子の役割はなにか

細川政元が京都において足利義澄擁立の兵をあげると、当時、将軍義稙にしたがって河内正覚寺の陣所にあった将軍直臣たち（＝「奉公衆《ほうこうしゅう》」と称された将軍直属の武士たち。江戸幕府の旗本・御家人にあたる）は、その大部分がただちに義稙を見捨てて京都に舞いもどり、足利義澄のもとに参集してしまった。すなわち、細川政元の挙兵からわずか三日後の四月二十五日には、多数の将軍直臣たちが早くも将軍義稙のもとをはなれて帰京し、その二日後の二十七日には義稙のもとにあった直臣たちの大部分が、京都に舞いもどって義澄のほうに参集してしまったという（『蔭凉軒日録』明応二年四月二十五・二十七日条ほか）。

いうまでもなく、将軍直臣は将軍たる義稙にもっとも近しく、最後まで忠誠をつくすべき人びとであった。それにもかかわら

日野富子木像　京都市・宝鏡寺蔵

ず、直臣たちの大部分がこのようにいち早く将軍義稙を見捨てたのは、日野富子が足利義澄支持を表明していたことがその一因であったと考えられる。

日野富子は、八代将軍義政の正妻、九代将軍義尚《よしひさ》の生母としてこれまで四十年以上にもわたって大名や将軍直臣たちの上に君臨してきた。そのうえ彼女は、その死にいたるまで人びとから「御台所」の尊号で呼ばれるなど、当時の足利将軍家を代表するような立場にあった。そうした富子が義稙を見捨てたのであるから、このことが将軍直臣たちに影響をあたえ、彼ら直臣たちが、将軍とはいえわずか三年前に美濃から上洛してきたばかりの義稙を見捨ててしまう一因になった可能性は大いにあるといえよう。

また、「日野富子が細川政元や足利義澄を支持した」ということは、政元による義澄擁立という行為に「正当性」をあたえることになったとも思われる。どういうことであろうか。

前にも述べたように、江戸時代では主君だけでなく家臣たちのほうにも発言力があった。家臣たちの総意は、主君といえどもこれを無視することはできなかったのであり、場合によっては家臣たちの総意によって主君が牢に押し込められ、廃位される、ということもあった。ただし、家臣たちの総意が形成されればそれだけで主君廃立を実施しえたか、というとそうではない。主君廃立といった、いわば主君の「家」にかかわるような重大行為が実施されるにあたっては、家臣だけでなく主君の親族たちの同意も必要とされていたという（笠谷和比古、一九八八年、一五五〜一五九頁）。

すなわち、家臣たちによる主君廃立という行為は、主君の親族たちがこれに同意することによってはじめて社会的な「正当性」を獲得しこれを実施しえた、というのであり、そしてこのことは、江戸時代より前の中世後期社会においてもそのままあてはまるのではないかと思われる。たとえば、次のような事例がある。

南北朝時代の観応《かんのう》三年（一三五二）六月、南朝が北朝の三人の上皇（光厳《こうごん》・光明《こうみょう》・崇光《すこう》上皇）らを京都から連れ去り、そのため北朝が滅亡の危機にひんするということがあった。そこで、当時関東にいた父の将軍尊氏から畿内の政治をまかされていた息子の足利義詮《よしあきら》（後の二代将軍）は、北朝を再建しようと皇族の弥仁《いやひと》（後の後光厳《ごこうごん》天皇）を北朝の新天皇に擁立しようとした。

その際に足利義詮は、光厳・光明両上皇の生母であり、三上皇不在の北朝にあって天皇家を代表するような立場にあった広義門院《こうぎもんいん》に「弥仁様の天皇擁立を承諾してくれますように」としつこく求め、難色を示す広義門院を再三にわたって説得し、ついにこれを承諾させていた（『匡遠宿禰記』観応三年六月十九日条ほか）。この事実は、足利義詮にとって広義門院の承諾がいかに重要であったのか、いいかえれば、北朝において強勢をほこっていた義詮といえども、新天皇擁立という北朝天皇家の「家」にかかわるような事案については、臣下である彼の判断だけではなしえず、北朝天皇家を代表する人物（広義門院）によってその承認を受けることが必要であった、ということを示していよう。

また、六代将軍義教が嘉吉《かきつ》の変によって殺された後、幼い将軍があいついだことから管領《かんれい》が将軍にかわって政務を取り仕切ることになったが、管領の細川持之《もちゆき》はこの政務代行に不安をいだき、そこで日野重子《しげこ》が、管領とともに政務を後見することになった（↓16頁）。この日野重子は、幼い将軍たちの生母として当時将軍家を代表するような立場にあった人物であり、さすればこのことからも、当主の不慮の死と幼い新当主の継承という、いわば主君の「家」の存続にかかわるような重大事態の際には、家臣だけではなく主家を代表するような人物による承認が求められていた、ということがうかがわれよう。

このように中世後期社会でも、主君の「家」にかかわるような重大行為（主君の交替など）を実施するにあたっては、家臣たちの総意だけでは十分ではなく、これを「正当」づけるために主君の「家」を代表するような人物（当主の生母など）の承認をえる、という手続きがなお必要とされていたとみられる。とするならば、将軍義稙の廃位、足利義澄の擁立という細川政元の行為に日野富子が承認をあたえていた、ということの意味をあらためて問いなおさねばなるまい。

そもそも細川政元の行為は、この当時にあっても明らかに叛逆《はんぎゃく》であった。この当時でも、しばしば「主従は三世（前世・現世・来世）の契《ちぎ》り」などといわれたように、主君はなお至高の存在とされていたから（黒田日出男、一九九六年、一六六頁）、主君である将軍義稙を廃そうとする細川政元の行為は、本来叛逆として社会的にきびしく糾弾《きゅうだん》されてしかるべきものであった。

ところが将軍の「家」を代表するような立場にある日野富子が、この将軍廃立という、将軍の「家」にかかわる重大行為を容認したのであった。さすればこのことは、先に述べた広義門院や日野重子の例を考えるならば、叛逆として糾弾されるべき細川政元の行為に一定の「正当化」根拠をあたえ、大名たちや将軍直臣らに、義稙を見捨てて足利義澄のほうに参集することを慫慂《しょうよう》し、あるいは彼らが義澄のほうに参集しやすい環境を生みだす結果をまねいた可能性がある、といえよう。

では、このように大名たちや将軍直臣らに見捨てられたことは、将軍義稙にいかなる打撃をあたえたのであろうか。

もとより、軍事的打撃をあたえたことはいうまでもないが、それ以外に「器量《きりょう》」の面でも打撃をあたえたのではないかと思われる。そもそも前述したように中世後期社会では、将軍も大名も在地領主も、それぞれの支配領域において平和と秩序をまっとうする「器量」がなくてはならない、と考えられていたとされる（↓68頁）。そして、そのような平和と秩序をまっとうすることは、家臣たちに支持され、その協力の提供を受けることではじめて可能になることから、家臣たちの支持を受けているかどうかが、「器量」をもっているか否かの指標になりえた。

ところが将軍義稙は、大名たちはもとより、もっとも近しいはずの将軍直臣らにまで見捨てられてしまった。このことは、義稙が家臣たちから支持されていないこと、すなわち「義稙には、将軍として平和と秩序をまっとうするだけの『器量』がない」ということを内外に示すことになってしまったと思われる。かつて義稙は、多くの大名・将軍直臣らを引きつれて二度にわたって外征を敢行《かんこう》し、これによってみずからが多くの家臣たちに支持され、将軍としてふさわしい「器量」をもっていることを世間に示した。ところがここにいたって彼は、「器量がない」ことを露呈する羽目になったわけであり、こうした事態を引き起こした契機のひとつが日野富子の行動にあったとすれば、この政変における富子の役割は、大きなものであったといわねばなるまい。

しかしなぜ富子は、実の甥であり、かつては十代将軍就任を支持した将軍義稙をわずか三年で見捨て、血縁関係のない足利義澄の新将軍擁立を支持したのであろうか。

明応の政変は「細川政元のクーデター」なのか

以前、富子は、まだ清晃《せいこう》と名のっていた足利義澄に小川御所をあたえようとして将軍義稙の実父義視《よしみ》と対立したことがあった（→56頁）。そのことが尾を引いて、富子をしてかかる挙動に奔らせた、という可能性は否定できないが、すでに義視は亡くなっており、また、そもそもこの程度のことだけで富子が将軍廃立を決断したとはいささか考えにくい。彼女が最終的にこのような決断を下すにいたったのは、そうせざるをえないような、もっと重大な状況もあったと考えるのが自然であろう。では、そうだとしたらそれはなんであろうか。

この点を明らかにする史料は今のところ発見されていないが、日野富子の行動を理解するうえで注意したいのが、先にもふれたごとくこのころ将軍義稙が立てつづけに外征を実施し、これによって大名たちのあいだで厭戦《えんせん》気分が広がり、不満が生じていた、という点である。

周知のように足利将軍家は、もともと強大な直属軍もそれを支える広大な直轄領もなく、それゆえ将軍家にとって万一のときは大名たちが頼りであった。将軍家は、「大名たちがきちんと協力を提供し、たとえば反乱などが起きた際には大名たちが将軍家にしっかり兵を出してくれる」といった仕組みが十分に機能することで、はじめて十全に存立することが可能となった。したがって将軍家にとっては、

「大名たちにきちんと支持され、必要な時には大名たちからしっかりと協力の提供を受けることができるかどうか」ということは、みずからの存立を左右するきわめて重要な問題であった。

ところが将軍義稙は、近江六角氏征伐、そして河内の畠山基家征伐といった具合に二度にわたって立てつづけに外征を実施し、これに大名たちを駆り立てたことで、多くの大名たちの不満を引き起こしてしまった。もし、今後とも義稙が将軍の地位にとどまりつづけたならば、どうなるであろうか。おそらく、今後とも連続して外征が実施されることになり（実際、このあとに越前朝倉氏征伐が予定されていた）、もしそうなれば、大名たちの不満はますます高まってくることになろう。その結果、将軍家と大名たちとの乖離《かいり》がより一層顕著となり、それによって将軍家の存続は重大な危機にいたるかもしれない――こういった危機感が、これまで将軍家を支えてきただけに日野富子には多分にあり、そのことが、彼女をして最終的に将軍廃立を決断させたのではなかろうか。

義澄擁立に暗躍した伊勢貞宗の花押

ところで、細川政元が足利義澄を新将軍に擁立すべく挙兵した際、政元や義澄のもとにいち早く参上した者のひとりに、日野富子と近しい関係にあった伊《い》勢《せ》貞宗《さだむね》がいた。彼は、政所頭人《まんどころとうにん》の要職を世襲する最有力の将軍直臣伊勢氏の当主であったから、将軍直臣たちの多くが将軍義稙を見捨てて足利義澄のほうに参集してしまったのは、日野富子だけでなく、この伊勢貞宗もまた義澄支持を表明したことが大きく影響していた可能性があろう。

では伊勢貞宗は、足利義澄擁立に際して具体的にどのような役割をになっていたのであろうか。

この点はあまり定かではないのだが、どうやら彼は、足利義澄擁立の事前工作や謀略などをすめていたらしい。将軍義稙から征伐を受けた畠山基家《はたけやまもといえ》の重臣が、この征伐の直前に「もし将軍義稙が攻めかかってきても、こちらとしてはなんら問題はない。なぜならば、伊勢貞宗以下、大名たちとはすでに話しがついているからだ」と述べていたことはすでにふれた（↓72頁）。また、細川政元が挙兵する一か月前、すでに伊勢貞宗から畠山基家側に「将軍義稙を廃し、清晃（足利義澄）を新将軍にするつもりだ」という情報が伝えられていたという（『大乗院寺社雑事記』明応二年三月二十一日条）。これらの点からは、伊勢貞宗が足利義澄擁立のために事前工作をしていた可能性をうかがわせる。

また、伊勢貞宗は「謀書《ぼうしょ》」（＝ニセの手紙）を作成し、これを使って将軍義稙の陣営を混乱させたという（『後法興院記』明応二年六月十一日条）。この謀書がいかなるものであったのかは不明だが、伊勢貞宗による事前工作やこうした謀書などを使った謀略が、将軍義稙の失脚、足利義澄の新将軍擁立成功に大いに貢献したらしいことは、このちに貞宗が義稙支持者から何度となく命をねらわれる一方で、新将軍義澄からは信頼されてその側近となり、義澄が「自分は今若年なので、政務は伊勢貞宗に委《ゆだ》ねている」とまで言うほどであったことからも、十分にうかがわれよう（『後法興院記』明応八年七月八日条、『鹿苑日録』明応八年八月二十二日条ほか）。

われわれは「明応の政変」というと、どうしても挙兵した細川政元ばかりに注目し、この事件を「細川政元のクーデター」と考えてしまう。しかしこれまで論じてきたごとく、日野富子や伊勢貞宗も、また細川政元の挙兵に加わって重要な役割を果たし、政変の成功に大きく貢献していたとみられる。したがってこの政変は、「細川政元が日野富子や伊勢貞宗らの協力を受けながら、将軍義稙を廃し、足利義澄を新将軍に擁立したクーデター」というのがもっとも適切な表現といえよう（以上、山田康弘、二〇〇〇年）。

では、そもそもなぜ細川政元は、将軍義稙を廃すべく挙兵するにいたったのであろうか。

細川政元肖像　京都市・龍安寺蔵

細川政元が将軍義稙を廃そうとした理由はなにか

細川政元は、挙兵した翌日の明応二年四月二十三日、挙兵におよんだ理由を朝廷に次のように説明していた。すなわち、「私は将軍義稙様に『河内への外征はよろしくありません』と言上したのに、これを義稙様に拒否されたことから、挙兵して義稙様を廃し、新たに足利義澄様を将軍に擁立しようとしたのです」というのだ（『晴富宿禰記』明応二年四月二十三日条）。

先にも述べたように、このころ将軍義稙によって実施されていた河内への外征（河内の畠山基家征伐）は、大名たちがこれに不満をもち、彼らのあいだでは厭戦気分が広がっていた。それゆえ右の政元の言い分は、義稙廃位というみずからの叛逆行為を正当づけ、大名たちからの支持をえるための一種の「言い訳」だとみられなくもない。しかし細川政元は、河内征伐に参陣しておらず、彼が河内征伐に反対していたことは確かであった。ではなぜ細川政元は、河内征伐に反対していたのであろうか。

この河内征伐は、畠山政長が将軍義稙に要請したことで実施されたものであった。この当時、畿内の有力大名畠山氏では、畠山政長と畠山基家とのあいだで次期当主をめぐって争いが起きていた。そこで畠山政長は、この争いに決着をつけようと将軍義稙に要請し、将軍に臣従する大名たち全体の力を借りてライバルの畠山基家を討とうとした――これが、将軍義稙による河内征伐であった。

しかし、この河内征伐が成功し、その結果畠山氏が畠山政長のもとに統一されてしまうことは、細川政元にとっては決して好ましいことではなかったと思われる。なぜならば、畿内の有力大名畠山氏の統一は、同じく畿内の有力大名であった細川政元にとっては「手ごわい競争相手の新たな出現」を意味したからにほかならない。そこで細川政元は、畠山氏の統一を阻止しようと将軍義稙に河内征伐の不可を進言し、また、劣勢であった畠山基家のほうに近づき、河内征伐の開始直前まで基家の重臣たちとしきりに会同し、関係を深めていった（『大乗院寺社雑事記』明応元年二月四日条ほか）。

だが、細川政元の反対にもかかわらず、結局河内征伐は実施されることになり、そしてその結果、細川政元の支援する畠山基家は滅亡寸前にまで追いこまれてしまった。もはや畠山氏が畠山政長のもとに統一され、畿内の有力大名として復活してしまうことは、時間の問題であった。細川政元がこれを阻止したければ、将軍義稙に叛逆し、この河内征伐を中止に追いこむしか道はない。さすればここに、細川政元がついに義稙廃位の兵をあげることを決断した理由のひとつがあったといえよう。ただし、「将軍廃立」は未曽有《みぞう》の大事変であり、これほどのことを細川政元があえて引き起こすにいたったのには、単に畠山氏の復活阻止といったことだけではなく、政元にとってもっと深刻な事情もあったとみるべきであろう。では、そうした事情としていかなることが考えられるのか。

いうまでもなく、細川政元は畿内最大の勢威をもつ細川一門の惣領《そうりょう》であった。それゆえ将軍義稙は、十代将軍に就任した当初は細川政元を頼りにした。たとえば義稙は、近江六角《ろっかく》氏征伐の際に細川政元を六角氏にかわる新たな近江国の守護に任じ、近江征伐の先陣をまかせた（→63頁）。また義稙が、十代将軍に任官した際に細川政元の邸宅を一時的に将軍御所とし、朝廷から下された任官の公文書をそこで受領していたのも（→58頁）、政元を頼りにし、彼との緊密な関係を築きあげたいという義稙の意思のあらわれと理解してもよかろう。

しかし、近江征伐の先陣をまかされた細川政元の重臣安富元家《やすとみもといえ》は、六角氏の奇襲攻撃をうけて大敗し、これによって諸大名の信頼をうしなって最後は帰京せざるをえなくなってしまった（→64頁。『蔭凉軒日録』明応元年十月二十二日条、『大乗院寺社雑事記』同年五月三日、十月二十六日条ほか）。安富の失敗によって、細川政元は将軍義稙の期待に十分に応《こた》えられなかったのであり、そうしたことや「細川政元ばかりに過度に依存することは危険だ」との判断もあったためか、義稙は、しだいに細川政元以外の有力大名にも近づいていった。

そのような有力大名のひとりが、畠山政長であった。将軍義稙は、この畠山政長が求める河内（畠山基家）征伐を承諾してやることで政長との関係を深めようとした。河内征伐は先に述べたように細川政元が反対していたから、これに承諾をあたえた義稙は、「細川政元をしりぞけ、畠山政長のほうに軸足を移していった」といってもよかろう。

さらに義稙は、有力大名の斯波義寛《しばよしとお》が求める越前朝倉氏征伐を承諾することで、今度は斯波氏との関係も深めようとした（↓68頁）。また、細川一門の阿波《あわ》（徳島県）細川氏にも近づいていった。

この阿波細川氏は細川一門では惣領である細川政元と肩をならべるほどの最有力庶家であり、将軍義稙は、このような阿波細川氏の当主であった細川義春《よしはる》を急速に重用した。たとえば延徳三年六月、将軍義稙は、細川義春に対して将軍家の通字《つうじ》（歴代将軍がかならず名前に使う文字）である「義」の一字をあたえ、「義春」と名のることを許した。これまで阿波細川氏当主は、将軍の名前の下の字しかもらえなかったから、これは異例の殊遇といってよかろう（『蔭涼軒日録』延徳三年六月二十日条）。

また同じころ将軍義稙は、今まで住んでいた三条御所から京都の一条油小路にあった細川義春の邸宅に移り、ここを新しい自分の住まい（一条御所）に定めた（↓62頁）。これは、細川義春にとって大変名誉なことであり（周囲からも「千秋万歳《せんしゅうばんざい》だ」と祝福されている）、ここからも、将軍義稙の細川義春に対する寵愛ぶりがうかがわれよう（『蔭涼軒日録』延徳三年六月二十九日条ほか）。

このように、将軍義稙は有力大名の畠山政長や斯波義寛に近づいたうえ、細川一門の有力者で、惣領たる細川政元のライバルにもなりうる阿波細川氏当主の細川義春をも重用していった。その一方で細川政元に対しては、彼が求める河内（畠山基家）征伐中止を拒否するなど冷遇したのであるから、こうした状況に細川政元がしだいに疎外感をつのらせていったであろうことは想像にかたくない。

しかも将軍義稙は、多数の大名を率いて二度にわたる外征を敢行《かんこう》し、これによって大名たちとの団結をはかるとともに、みずからが将軍としてふさわしい「器量」をもっていることを内外に顕示した。さらに、戦地では最前線に立って武威《ぶい》を輝《かがや》かし、自身の軍事的力量も内外に示した。天下の政治は将軍義稙を中心にまわりつつあり、そのなかで細川政元は、しだいに孤立しつつあったといえよう。

こうしたなかで細川政元は、将軍義稙を廃する兵をあげたのであった。奈良に住むある僧侶は、政元が挙兵するにいたった事情について次のような情報をその日記に書きとめている。

すなわち、「細川政元は、近江六角氏征伐の中止を将軍義稙に意見したが、義稙はこれを拒否した。さらに政元は、河内の畠山基家征伐の中止も進言したが、やはり義稙はこれを拒否し、あまつさえ政元を討とうとした。そこでついに政元は、義稙を廃する兵をあげたのだ」というのであり、注目されるのはここにある「義稙が、細川政元を討とうとしていた（＝「剰《あまつさ》え細川の事、御退治《たいじ》あるべきの由、上意」）」という点である。このような「自分は義稙とその与党大名たち（畠山政長ら）によって討たれるかもしれない」という切迫した恐怖が、孤立を深めていただけに細川政元には濃厚にあり、そのことが、ついに彼をして将軍廃位を決断させた、より直接的な理由であったのではなかろうか（『大乗院寺社雑事記』明応二年閏四月十日条）。

さてこうして細川政元は、将軍義稙に反旗をひるがえし、義稙を逮捕した。だがこのことは、政元に新たな悩みをもたらすことになってしまった。それは、このあと彼も予想だにしなかったであろう大事件が発生したからにほかならない。
それはいったいなにか。

第二章　義稙はいかにして反撃したのか

義稙はどこに消えてしまったのか

細川政元に降参した将軍義稙は、明応二年（一四九三）五月二日に京都に連行され、細川一門とゆかりの深い北山の龍安寺《りょうあんじ》に押しこめられた。その後、十八日には龍安寺から細川政元の重臣上原元《うえはらもと》秀《ひで》の邸宅に移され、ここに監禁された。上原元秀は邸宅内に義稙を幽閉する部屋を新造したというから、細川政元は、とりあえず義稙を龍安寺に押しこめておき、その後、上原邸に幽閉部屋が完成したのをうけて義稙をそこに移したのであろう。ただし一説によると、義稙の身柄が龍安寺から上原邸に移されたのは、日野富子が義稙を毒殺しようとしたからだという。

すなわち、明応二年五月六日の晩、龍安寺に押しこめられていた義稙は、夕食に毒を盛られて苦悶し、薬をもらってようやく一命をとりとめたという。その後細川方が義稙の食事係を取り調べたところ、そのうちのひとりが「毒は、日野富子から渡された」と白状した。これに驚いた細川方では、義稙を龍安寺から警護しやすい上原元秀邸に移し、義稙の食事はすべて義稙近臣の木阿弥《もくあみ》という同朋衆《どうぼうしゅう》（＝僧の姿をした下級従者）とその息子が世話するようにした、というのだ（以上、『大乗院寺社雑事記』明応二年五月二十二日条ほか）。このころ京都では、「義稙が毒殺された」といった噂が広まっているから、実際に義稙は毒殺されかかったらしい（『晴富宿禰記』明応二年五月七日条）。その黒幕が日野富子であったかどうかは定かではないが、義稙がこのまま生きていることは富子にとっては剣呑《けんのん》であったろうから、彼女が義稙を毒殺しようとしたとしても不思議ではなかろう。

さて、こうして義稙は上原元秀邸に移され、「その後は讃岐《さぬき》（香川県）の小豆島《しょうどしま》に流されるらしい」という噂も出た。ちなみに上原邸で義稙は、身の回りの世話をする従者を六～七人だけに制限されたものの、細川政元や上原元秀から酒などを進上され、比較的優遇されたという（『蔭凉軒日録』明応二年六月二十六日条、『大乗院寺社雑事記』明応二年五月二十二日条ほか）。この当時でも、「主従は三世（前世・現世・来世）の契《ちぎ》り」といわれるなど、主君は家臣にとって至高の存在とされていた。それゆえ細川方としても、世間の外聞《がいぶん》を気にして旧主の義稙を疎略にはあつかえなかったのであろう。

ところが、明応二年六月二十九日夜、大事件が発生した。

なんと義稙が脱走したのだ。この二十九日の夜はひどい嵐であった。その嵐のなかを義稙は、夜陰《やいん》にまぎれて上原邸を抜け出し、数人の近臣のみを連れていずこともなく姿を消してしまった。これを知って驚いた細川政元らは、義稙に近侍して食事の世話などをしていた木阿弥らを逮捕して拷問《ごうもん》した。だが義稙の行方は一向につかめず、近江国から船に乗って琵琶湖を渡ったとか、かつて義稙が暮らした美濃国に向かったなど、さまざまな噂が飛び交《か》った（『晴富宿禰記』明応二年七月一日条ほか）。

いったい義稙は、どこに消えてしまったのか。

義稙は、北陸の越中国《えっちゅう》（富山県）にいた。京都を脱出した彼は、近江を経由して遠く越中まで逃げたのだ。この越中は、畠山政長（かつて義稙とともに正覚寺《しょうかくじ》に籠城し、最後は自殺した）の領国のひとつであり、そしていまだ政長を支持する勢力が多数を占めていた。そこで義稙は、京都を脱出するとこの越中を逃げこんだのであった。

さて、越中に逃げこんだ義稙は、越中の有力者で故畠山政長の重臣のひとりでもあった神保長誠《じんぼながのぶ》（富山県射水市放生津《ほうじょうづ》の領主）らに迎えられた。そして、神保らの世話で正光寺という寺に落ちついた義稙は、ただちに活動を開始し、各地の大名たちに「細川政元を討ち、京都奪還に協力せよ」と檄《げき》を飛ばした。これをうけて義稙のもとには、能登畠山氏、越前朝倉氏、越後上杉氏、加賀富樫《とがし》氏といった北陸の大名たちが続々と参礼におよんで忠誠を誓い、また、大友氏をはじめとする九州の大名たちからも「協力する」との旨が伝えられたという（『大乗院寺社雑事記』明応二年七月二十六日、八月十一日条、『相良家文書』二三七号ほか）。

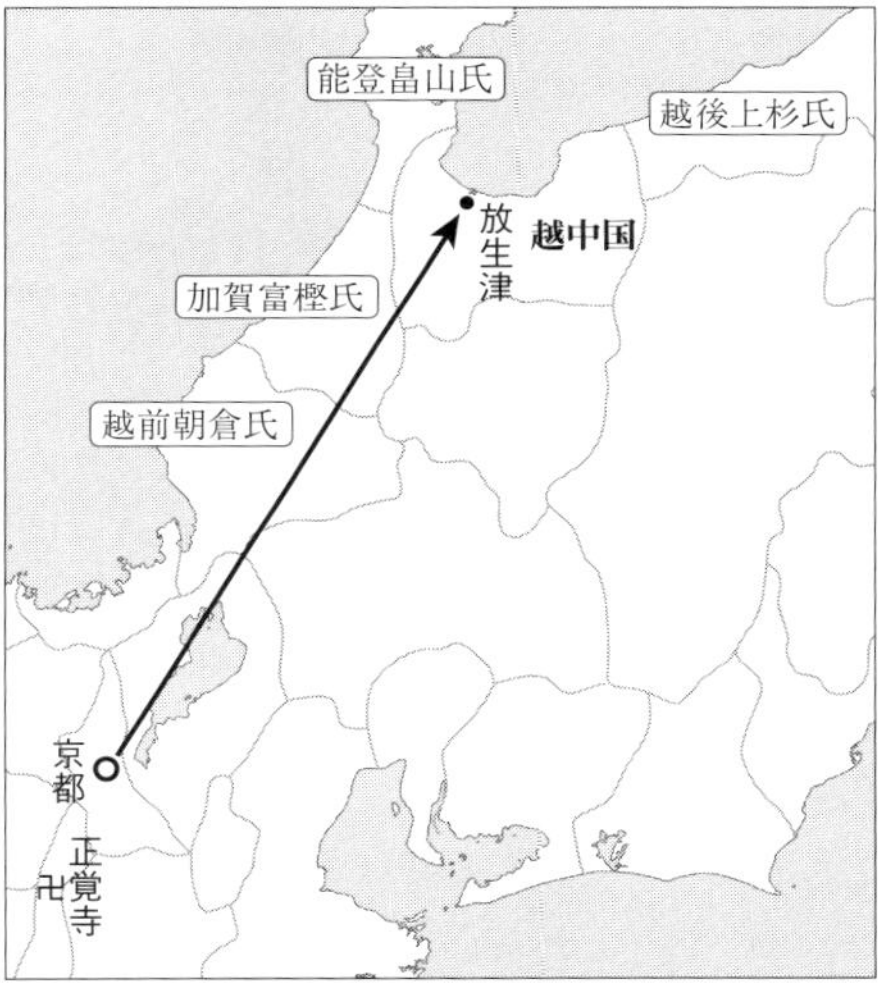

図３　義稙の越中脱出関係図　京都を脱出した義稙は、越中国に奔った

このような状況を知ってますます驚いた細川政元らは、ただちに越中に兵を送って義稙を討とうとした。ところが細川方の軍勢は越中に侵

神保氏の館があったとされる放生津城跡　現在、城跡は富山県射水市立放生津小学校となっている　富山県射水市

攻したものの、明応二年九月上旬に越中の義稙派によってたちまち敗北せしめられてしまった。このとき細川方の軍勢は、「打ち負けて生涯《しょうがい》（＝戦死）せしむ。（生還者は）一人としてこれ無し」といわれるほどの惨敗を喫《きっ》したという。

この結果、越中およびその周辺は「皆以《もっ》て上意（＝義稙の意向）に随《したが》うと云々」という状態になった。まさに義稙派の大勝利であった。そこで義稙は、この勢いにのって翌明応三年九月二十一日、神保氏の館に移って「旗上げ」の儀式をおこない、正式に細川政元・足利義澄打倒の兵をあげた（以上、『大乗院寺社雑事記』明応二年十月二日、明応三年十一月六日条ほか）。

この知らせに、京都は駭然《がいぜん》として恐怖におののいた。京都内外では、恐怖のあまりさまざまな怪情報が乱れ飛んだ。たとえば、「義稙が九州の大名たちを率いて上洛してくる」とか、「細川政元も、義稙の帰京をついに認めるにいたった」とか、さらには「河内正覚寺で自殺した畠山政長は実は生きている。彼は、しばらく伊賀国（三重県）に隠れていたが、今度越中に出向いて義稙に近侍し、現在はあちこちに書状を出して味方をつのっている」などという、とんでもない噂までが飛び交ったという（『大乗院寺社雑事記』明応三年正月十二日条ほか）。

こうしたなか、恐怖にかられた公家たちのあいだでは、「越中の義稙にひそかに書状を送り、誼《よしみ》をつうじておこう」という者まで出現した。これを知って怒った将軍足利義澄は、朝廷に「近ごろ、公家や高僧らのなかに越中の義稙に内通している者がいるので、こういった者どもを誅伐《ちゅうばつ》したい」と通告して朝廷をあわてさせた。結局、この内通者誅伐の件は、朝廷が将軍義澄らに苦情を申し入れて中止になったが、この一件からは、義稙派の攻勢の前に京都がいかに混乱し、将軍義澄や細川政元らがいかに追いつめられていたかがうかがわれる（『後法興院記』明応三年八月十五日条ほか）。

しかし義稙のほうも、しだいに手づまりになっていった。

義稙は、明応三年九月に越中で「旗上げ」の儀式をおこなって将軍義澄や細川政元打倒を大々的に宣言し、これ以降京都では「義稙がまもなく上洛してくる」といった噂が何度となく飛び交った。だが、その後明応四年、そして明応五年と月日がたっても、義稙は一向に京都に攻めのぼることができず、京都では義稙上洛の噂もしだいに少なくなっていった。これは、北陸の大名たちが義稙にかならずしも協力的でなかったことが一因していたように思われる。北陸の大名たちは、義稙が越中に下ってくるとこぞって使者や書状を送って協力を約束した。しかし結局彼らは、最後は義稙に協力しなかった。その後、明応八年七月になって義稙はついに上洛戦を開始するのだが（後述）、このときも北陸の大名たちは、誰ひとりとして義稙にしたがって兵をあげなかった。

これは、北陸の大名らにとって、畿内最大の勢威をほこる細川政元と全面対決におよんでまで義稙のほうをどうしても支援しなくてはならない理由がなかったからだ、と考えられる。おそらく彼らにとっては、足利将軍は義稙でも義澄でもさしあたってはどちらでもよかったのではあるまいか。

たしかに北陸の大名たちは、義稙が越中に下ってくると使者や書状を送って義稙に協力を約束した。だが、この当時にあって義稙は最高の貴人であり、こうした最高の貴人が近くに来たならば使者や書状を送ってきちんと挨拶する、というのが、このころの「礼《れい》」であった。したがって北陸の大名たちの行動も、多分にこのような「礼」にすぎなかった可能性が高いといえよう。

さてこうして義稙は、北陸において一定の勢威を保ちつつも、明応三年、四年、五年と時が経過しても京都の将軍義澄や細川政元らに決定打をうち出すことができずにいた。義稙としては、なんらかの対応策を考えねばならない状況にあったのであり、そこで義稙とその近臣たち、そして神保《じんぼ》氏ら越中の有力者たちのあいだでは、今後の路線をめぐって「二つの案」が浮上していった。

それはどのような案であったのか。

義稙の近臣たちは今後の路線をめぐってどう対立したのか

義稙の近臣らのあいだで浮上してきた二つの案とは、「武力征伐案」と「和平案」であった。これらは、どのような案であったのだろうか。

まず「武力征伐案」というのは、「義稙は、中国地方の有力大名である大内氏《おおうち》（大内義興《よしおき》）を上洛させ、この大内氏の武力を使って細川政元らを征伐し、京都の奪還をはかるべきだ」というものであり、種《たね》村視久《むらみひさ》ら義稙近臣の一部が主張していたアイディアであった（『大乗院寺社雑事記』明応七年二月七・十日条）。かつて大内氏は、応仁・文明の乱の際に中国地方から電光石火《でんこうせっか》の早業《はやわざ》で上洛し、苦戦していた西軍をあざやかに救い出したことがあったから（↓30頁）、大内氏に期待をよせた種村らには、このときの大内氏の活躍ぶりが念頭にあったのかもしれない。なお種村らは、細川政元征伐の武力として北陸の大名たちではなく大内氏の武力に期待をよせており、この点からも、義稙陣営にとって北陸の大名たちがあまり頼りになる存在ではなかったことがうかがわれよう。

しかしこの「武力征伐案」には、大きな問題があった。それは、大内氏が義稙の求めに応じ、細川政元を討つべく上洛してくるかどうか判然としない、という点であった。

実は義稙は、越中に下向した当初から大内氏のもとに近臣を派遣して連絡をとりあい、京都奪還に協力してくれるよう要請していた。これを受けて大内氏も義稙に協力を約束し、それゆえ京都では「義稙は、大内氏ら九州勢を率いて京都に攻めこんでくるのではないか」といった噂も一時流れた。だが結局大内氏は、その後義稙に協力を断ってきた（『後慈眼院殿記』明応三年九月九日条ほか）。

これは、大内氏がこの前後に内憂外患《ないゆうがいかん》に苦しめられていたためであった。すなわち、明応三年二月に大内氏にとって精神的支柱であった菩提《ぼだい》寺の興隆寺《こうりゅうじ》が焼失してしまい、また、その後内紛による動乱で重臣たちがつぎつぎに横死するなど、家中が動揺した。さらに明応四年九月には、大内氏当主義興を後見していた前当主の大内政弘が病死し、しかも翌明応五年十一月には外敵（少弐《しょうに》氏）が領内に攻めこんできた。こうしたことを考えれば、大内氏は上洛できる状況にはなかったといえよう（山田貴司、二〇一二年）。

「武力征伐案」派に期待された
大内氏当主・大内義興の花押

だが、大内氏の協力がえられなければ「武力征伐案」は画餅《がへい》に帰し、義稙の帰京は永遠に実現しえないことになる。そこでもうひとつの「和平案」が、注目されることになった。

これは、「義稙は、早々に細川政元と和解して帰京を果たしていくべきだ」という案であり、吉見《よしみ》義隆《よしたか》ら多くの義稙近臣たちがこの案を支持した。義稙にしたがって京都から越中に下ってきた彼らは、義稙の越中滞在が長期化するなかで焦《あせ》りをつのらせ、「義稙は、細川政元と和解して一日でも早く帰京したほうがよい」と考えたのであろう（『大乗院寺社雑事記』明応七年二月七日条）。

またこの「和平案」は、義稙を越中で直接支えていた神保《じんぼ》長誠《ながのぶ》ら越中の面々もこれを支持したという。もし「武力征伐案」のほうが採用され、大内氏の武力によって義稙の帰京が実現する、ということになってしまうと、大内氏が第一の功労者となり、越中で義稙を支えつづけてきた神保らの功績は相対的に低く評価されることになる。おそらく神保らは、こうしたことを嫌って「和平案」のほうを支持したのであろう。

さてこの「和平案」は、いつになるかわからない大内軍の上洛に期待する「武力征伐案」にくらべれば、はるかに実現の可能性が高いプランであった。細川政元らは北陸で義稙派に苦戦していたから、義稙側が和平をもちかけてくれば政元側がこれに応じる可能性は高く、そうなれば義稙の帰京が実現されることになる。しかし、この「和平案」にも欠点があった。

それは、このプランでは細川政元を打倒するわけではなかったことから、「義稙が帰京後にまた細川政元と対立するようなことになった場合、以前と同じように政元によって逮捕されてしまう危険性が残る」という点であった。このような「和平案」の欠点ゆえに、「武力征伐案」を主張する種村視久《たなむらみひさ》らは「義稙が、大内氏の武力といった軍事的裏づけがないまま細川方と安易に和睦し、軽々しく上洛するのは危険だ」とさかんに義稙に訴えた。だが、上洛戦に行きづまりをみせていた義稙にとって、この「和平案」は「武力征伐案」よりもリアリティのあるプランであったから、義稙は、まずはこの「和平案」の実施を命じた。

「和平案」を推進した神保長誠肖像　富山市・本覚寺蔵

こうして、明応六年の夏ごろから義稙陣営では、細川方との和平交渉がすすめられることになった。その中心をになったのは、「和平案」を支持していた越中の有力者神保《じんぼ》長誠《ながのぶ》であった。彼は、家臣の倉川《くらかわ》（鞍川）兵庫《ひょうごの》助《すけ》に命じて細川方との和平交渉にあたらせ、交渉の工作費として数千貫文（今の数億円くらい）ともいわれる巨費を倉川に渡したという（『大乗院寺社雑事記』明応六年七月三日条ほか）。このことからは、神保が「和平案」の成功につよい意欲をもっていたこと、いいかえれば、大内氏に功績を奪われかねない「武力征伐案」の実行を、いかにはばもうとしていたのかがうかがわれる。

さて、明応六年六月末に越中を立って上洛した倉川兵庫助は、この巨額の工作費を細川政元の重臣らにばらまいて段取りをつけ、早くも七月十四日には政元の邸宅へ出向くことに成功するなど、着々と和平交渉をすすめていった。さらにその後、義稙の近臣で「和平案」を支持していた吉見義隆も、同じく上洛して倉川とともに細川方との和平交渉をさかんにすすめた。

一方、こうした状況に「武力征伐案」を主張する種村視久は危機感をつのらせた。「細川政元との安易な和睦は、かえって義稙にとって危険だ」と考える彼は、巻きかえしをはかるべく家臣（杉川平左衛門）を畿内に送って和平工作を妨害させるとともに、同志らと一緒に義稙に「安易に上洛しないように」とつよく諫言《かんげん》した。種村らは「もし義稙が細川方と和睦して安易に上洛するようなことになれば、自分たちは遁世《とんせい》（＝出家）する」とまで申し入れたという（『大乗院寺社雑事記』明応七年二月十日、四月七日条ほか）。

しかし全体的な形勢は、「和平案」のほうが優勢であった。それゆえ、明応七年五月に「和平案」を推進する義稙近臣の吉見義隆が細川政元に招かれて京都に入ると、これを聞いて義稙の帰京を予測した公家たちは、こぞって吉見のもとに贈り物を進呈して彼と親交を結ぼうとはかった（『後法興院記』明応七年五月十九日条）。こうしたなか、京都では「義稙が、細川政元と和睦して越中から近々帰京する」との噂がしきりに飛び交《か》った。もはや和平が実現し、義稙の帰京が果たされるのは時間の問題であるかのような状況であった。

ところが結局和平は成立せず、義稙は、その後武力による上洛をめざしていく。なぜだろうか。

義稙はなぜ武力による上洛戦を開始したのか

和平が成立しなかったのは、細川一門のあいだで義稙との和平に反対意見があがったからであった。とりわけ、細川一門の有力者であった細川政賢《まさかた》が和平に反対し、こうした意見をうけて細川政元も、ついに和平断念を決断するにいたった。そこで義稙のほうも、また「和平案」から「武力征伐案」に急速にその方針をあらためることになり、この結果、「和平案」を推進していた義稙近臣の吉見義隆は、その後細川方への内通を疑われ、義稙によって処罰されたという（『大乗院寺社雑事記』明応七年七月十三日、閏十月十日条ほか）。

とはいえこの「武力征伐案」は、大内氏の武力をあてにしたプランであったから、大内軍が上洛してこなければ机上《きじょう》の空論でしかない。そして、大内軍が上洛してくるかどうかはなお不透明であり、むしろ大内の上洛の可能性は低下していた。

というのは大内家中では、明応八年（一四九九）二月に一部の重臣たちが当主の大内義興《よしおき》を廃し、その弟を擁立しようとする陰謀をくわだてたことから動揺が起こっており、しかも、明応七年後半からは豊後国（大分県）の有力大名大友《おおとも》氏との戦いもはじまっていたからであった（『大乗院寺社雑事記』明応八年二月十日条ほか）。これでは、とても大内氏は上洛することはできない。したがって義稙が「武

図４　義稙は朝倉氏の協力を得るために越前に向かった

力征伐案」を実行に移すためには、大内氏にかわる武力をどこかで調達していかなくてはならなかった。もとより越中の義稙のもとには神保《じんぼ》氏らの武力があったが、細川政元を討伐するにはまったく足りない。

そこで義稙が目をつけたのが、越前朝倉氏（朝倉貞《さだ》景《かげ》）であった。

越前国の一乗谷《いちじょうだに》（福井県福井市）を本拠とする朝倉氏は、北陸でも屈指の武力をもった有力大名であり、このころ総勢一万人以上もの大兵を擁《よう》していたという（『蔭涼軒日録』明応元年正月三日条）。したがって義稙にとって朝倉氏は、「武力征伐案」を実施するうえで格好のパートナーになりうる存在であった。

だが、朝倉氏が簡単に義稙の求めに応じ、細川政元を武力征伐するために協力してくれる保証はない。そこで義稙は、みずから朝倉氏の本拠一乗谷におもむいて朝倉氏を説得しようと決意し、さしあたって十三人の近臣だけを連れて越中をひそかに去り、越前の一乗谷に向かった（『大乗院寺社雑事記』明応七年九月十一日条ほか。なお、ひそかに越中を去ったのは、神保氏らに引き留められることを懸念したからであろう）。ちなみにこのころ義稙は、これまで名乗っていた「義材《よしき》」から「義尹《よしただ》」に改名している。新たに越前へ移るにあたり、改名によって心機一転をはかろうとしていたのかもしれない（『和長卿記』

明応七年八月十九・二十九日条)。

さてこうして義稙は、明応七年九月に一乗谷にいたり、安波賀《あばか》(一乗谷北部を守る下城戸《しもきど》のすぐ外側)の在所に入った。しかし朝倉氏当主の朝倉貞景は、義稙を含蔵寺《がんぞうじ》という寺に迎え入れたものの、義稙からの協力要請をすぐには承諾しなかった。義稙に武力を提供するということは、細川政元と全面対決におよぶ、ということを意味した。だが、ほかの北陸の大名たちと同様に朝倉氏にも、そのようなリスクをあえておかさなければならないような切迫した事情はない。さすれば朝倉氏が義稙の求めに慎重になったのも当然といえよう。

それゆえ義稙は、朝倉氏のもとではあまり厚遇されなかった。当時の記録によれば、義稙は「公方《くぼう》(＝義稙)、ことのほか御威勢無し。もってのほかの御作法なり」といったあり様であり、その後、一乗谷から「コウ」(国府。越前国府中〈福井県越前市〉か)に移ったという(『大

写真上：一乗谷にある朝倉氏の館跡　福井市
写真下：一乗谷の下城戸の石垣　この外側が義稙の入った安波賀地区である

乗院寺社雑事記』明応七年十月二十六日条）。こうしたことから義稙もさすがに弱気になったのか、このころ彼は、かねてより連絡をつけていた大内氏の本拠である周防に下向できるかどうか模索している（『平賀家文書』五〇号、『相良家文書』二四一号ほか）。義稙にとって、しばらく忍従の日々がつづいた。

ところがこのころ、すなわち義稙が越中から越前に移って約半年が経った明応八年（一四九九）二月、河内国（大阪府東部）において大事件が発生した。義稙に忠誠を誓う畠山尚順《はたけやまひさのぶ》が、細川政元と同盟する一族の畠山基家《もといえ》を討ち死にに追いこんだのだ。

畠山尚順とは何者か?。

かつて、細川政元が将軍義稙を廃する「明応の政変」を起こした際、義稙は、畿内の有力大名であった畠山政長とともに正覚寺《しょうかくじ》に籠城し、細川方に対抗しようとした（→78頁）。畠山尚順とは、この政長の子息であり、彼もまた父とともに義稙に忠誠を誓って正覚寺に籠城していたが、その後正覚寺が陥落して義稙が逮捕され、父の畠山政長もまた自殺すると、ひとり正覚寺を脱出してその領国のひとつ紀伊国（和歌山県）に逃亡した。そしてその後尚順は、父の遺志をついで細川政元一派に粘りづよく抵抗をつづけ、ついに明応八年二月一日、細川方の有力大名となっていた一族の畠山基家を討ち果たし、現在の和歌山県から大阪府にいたる京都の南方一帯に一大勢力を築きあげるにいたったのだ（『後法興院記』明応八年二月一日条ほか）。

このことは、義稙に上洛への絶好の機会をもたらした。なぜならば、義稙に忠誠を誓う畠山尚順が南方から京都にせまり、その一方で義稙が、越前朝倉氏の兵などを率いて北方から京都にせまったたならば、細川政元のいる京都を南北から挟《はさ》み撃ちにすることができるからにほかならない。そうなれば、さしもの細川政元といえども苦戦はまぬがれないであろう。そこで義稙は、さっそく木阿弥《もくあみ》ら近臣たちを畿内に送りこんで畠山尚順と連絡をとりあい、上洛の準備をすすめた（『大乗院寺社雑事記』明応八年六月十一日条ほか）。

こうした状況に京都では動揺が広がった。京都では、今にも義稙や畠山尚順が攻めこんでくるような雰囲気となり、これに恐怖した人びとは、家財を隠したり安全なところに預けておこうと狂奔した。そのあまりの混乱ぶりは、細川政元が「家財の隠匿《いんとく》行為は禁止とし、違反者はその家財を没収する」といった布告を出さざるをえないほどであった（『後法興院記』明応八年七月十八日条ほか）。

また、同じころ比叡山延暦寺《ひえいざんえんりゃくじ》に義稙を支持する悪僧どもが立てこもり、伊勢貞宗《さだむね》の孫が住持をつとめている南円院《なんえんいん》という寺が破却された。この伊勢貞宗が、かつて「明応の政変」に協力し、義稙失脚に一役買っていたことはすでに述べた（↓90頁）。その孫が、義稙を支持する悪僧どもに襲われたのであり、この直後にはさらに「義稙が、悪党に命じて伊勢貞宗を殺害しようとしている」との噂が流れ、これを知った貞宗があわてて細川政元に合力を頼む、といった事件も起きている。これらのことからは、義稙の失脚に暗躍した伊勢貞宗が、いかに義稙支持者たちから恨《うら》まれていたかが知られよう。

畠山尚順の花押　尚順の活躍は義稙に上洛戦の開始を決意させた

その後細川政元は、延暦寺に義稙支持の悪僧どもが立てこもったことを知ると怒り、ただちに京都から延暦寺に兵を差し向けてこれを鎮圧した。ちなみにその際、義稙方に内通していた者たちの書状が延暦寺で発見され、これら内通者の処分が問題になっている。義稙側への内通者が続出していたわけであった。このことからも、当時の京都内外でいかに動揺が広がっていたかがうかがわれよう（以上、『後法興院記』明応八年七月一・八日条、『鹿苑日録』明応八年十二月三日条、『大乗院寺社雑事記』明応八年八月八日条ほか）

さて、こうした京都の混乱状況をみた義稙は、ついに念願の上洛戦を開始することを決断した。時に、明応八年七月のことであった。すでに義稙が「明応の政変」によって失脚してから六年もの歳月が流れていた。この間、義稙は縄目《なわめ》の屈辱も受けた。また深夜、嵐のなかを夜陰にまぎれて脱走したこともあった。今後の路線をめぐる近臣たちの意見対立に悩まされたこともあったし、朝倉氏に協力を求めるために、その本拠一乗谷まで体面を気にせず自身で出かけたりもした。

しかし、こうした数々の辛酸《しんさん》をなめながらも義稙は、上洛をあきらめず、ついに宿敵細川政元を倒す絶好の機会を手にしたのであった。大坂方面の畠山尚順と連携しつつ、越前から京都に攻めのぼり、京都を南北から挟み撃ちにするのだ。義稙の近臣によれば、このころ義稙は「畠山尾州《びしゅう》（＝畠山尚順）に仰《おお》せ合《あわ》され、南北軍勢をもって近々御入洛《じゅらく》の事、仰せ出《い》だされ」ていたという（『益田家文書』五三六号）。義稙は、「南北の軍勢をもって京都へ攻めこむ」という作戦をはっきりと自覚していた。そしてこの作戦を実行すれば、細川政元を打倒し、義稙が将軍に復位することも夢ではない。

いよいよ、義稙の長年の宿願が果たされようとしていた。このとき彼は、三十四歳になっていた。

第三章　義稙はなぜ大敗してしまったのか

朝倉氏はなぜ義稙に従軍しなかったのか

明応八年（一四九九）七月十三日、義稙は「ヲシホノ八幡宮」（大塩《おおしお》八幡宮か。福井県越前市）に参詣して戦勝を祈願すると、二十日についに越前府中（越前市）を出陣し、今庄《いまじょう》（福井県南越前町）を経て二十一日には敦賀《つるが》（福井県敦賀市）に入った。その後、京都南方における細川政元と畠山尚順《ひさのぶ》との戦いを睨《にら》みつつゆるゆると兵をすすめ、十月には海津《かいづ》（滋賀県高島市）にいたったという（『後法興院記』明応八年七月二十四日条、『大乗院寺社雑事記』明応八年七月二十三日、十月四日条、『春日権神主師淳記』明応八年七月十八・二十日条ほか）。

一方そのころ義稙を支持する畠山尚順は、細川政元を討つべく、義稙と連携しながら現在の大阪付近で活発な軍事行動を展開しつつあった。畠山尚順のもとには各地から兵が陸続《りくぞく》と参集し、尚順の領国のひとつ越中国（富山県）からも、かつて義稙を支えた神保《じんぼ》氏や椎名《しいな》氏の兵が尚順のもとに向かったという。畠山尚順は、こうして参集した大兵を率い、大阪方面から京都に突入する機会を虎視眈々《こしたんたん》とうかがった（『大乗院寺社雑事記』明応八年九月一・十三日条ほか）。

これに対して京都の細川政元も、ただちに畠山尚順を迎え撃つ準備をはじめた。まずは、将軍足利義澄を安全な場所に移して伊勢貞宗らにその守護を託《たく》し、また、同盟関係にあった若狭国《わかさ》（福井県西部）の大名、若狭武田氏（武田元信《もとのぶ》）には天皇（後土御門天皇《ごつちみかど》）を守護するよう頼んだ。そしてそのうえで、畠山尚順軍が攻めこんでくるであろう京都南方方面に有力部将たちをつぎつぎに配置し、きびしく守りをかためた（『大乗院寺社雑事記』明応八年九月三日条ほか）。

このため、細川政元と、義稙を奉ずる畠山尚順とのあいだで今にも大激戦がはじまるかのような状況になり、畿内は恐慌《きょうこう》状態におちいった。奈良のある高僧は、その日記に「希代大変《きだい》のことなり。応仁以来、かくのごときことこれ無し。一方は公方（＝義稙）、一方は細川なり。日本においては一段のことなり。いかに成り行くべけんや」と書いてこの状況に恐れおののいている（『大乗院寺社雑事記』明応八年九月五日条）。

そして、ついに明応八年九月ごろから、現在の大阪〜京都にいたる各地で戦いがはじまった。京都南方の宇治では、細川方が奮戦して畠山尚順軍の先発隊をうちやぶった。しかし大阪周辺では、逆に尚順方が細川勢に大勝し、多数の細川兵を討ち死にさせた。戦況は一進一退をだとってなかなか決着せず、細川政元は、京都に立てこもる覚悟を決めたのか洛中に堀を造るよう配下に命じ、また、京都から人びとが米や塩を持ちだすのを禁じた。このような状況に、京都ではさまざまな噂が飛び交って混乱が広がった。そして、この混乱に乗じて京都近郊の各所で土一揆《つちいっき》（＝民衆たちの蜂起）が起こり、細川方を悩ませた（以上、『大乗院寺社雑事記』明応八年九月晦日条、『後法興院記』明応八年九月六・十日・二十八〜二十九日、十月十日条ほか）。

以上のように、明応八年九月ごろから京都の南方で戦闘がはじまり、細川政元軍と畠山尚順軍とが激しくぶつかり合った。もし、ここで京都の北方から義稙が越前朝倉氏の大兵を率いて突入すれば、京都は、北方（義稙）と南方（畠山尚順）から挟《はさ》み撃ちとなり、京都の細川政元や将軍足利義澄は大敗して都落ちせざるをえないであろう。

義稙が京都に攻めこむとすればこのときが好機であった。まさに戦機は熟した。

ところが、ここで思いがけない事態が起きた。朝倉氏が、義稙のために兵を出さなかったのだ。そのため義稙のもとには、わずか五〜六百人の兵しかいなかったという（『鹿苑日録』明応八年七月十九日、十一月十六日条ほか）。いったいなぜ朝倉氏は、出兵しなかったのであろうか。

先にも述べたように、朝倉氏はかならずしも義稙に協力的ではなかった。だがこのころの戦況は、義稙に断然有利であった。したがってもし朝倉氏が義稙に協力し、義稙が朝倉軍一万の大兵を率いて北方から京都に攻めこんだならば、京都の南方で畠山尚順との戦いに手を焼いていた細川政元は、大打撃を受けることになったであろう。そうなれば義稙が将軍に復帰することは確実であり、そうした義稙に恩を売っておくことは、朝倉氏にとっても利益になったにちがいない。にもかかわらず、朝倉氏をして義稙への従軍をかくもかたくなに拒否させたものとは、なんであったのか。

それは、飢饉《ききん》であった。

この明応八年という年は、「天下飢饉におよぶ」、「もってのほか、不熟《ふじゆく》」などといわれるほど、飢饉の嵐が吹き荒れた年であった。それゆえ京都では「越前にいる義稙は、飢饉によってすぐには京都に攻めのぼることができないだろう」といった声もあがっていた（『鹿苑日録』明応八年四月十八日、『後法興院記』明応八年七月四日、十二月二日条ほか）。このような状況では兵粮米《ひょうろうまい》も十分に集まらない。そこで朝倉氏は、義稙に対して京都への出撃を延期するよう申し入れたという（『大乗院寺社雑事記』明応八年七月十二日条ほか）。

だが義稙は、これを拒否した。そして結局朝倉兵の従軍がないまま、わずかな手勢だけを率いて京都に向けて出陣した。義稙が出陣を急いだのは、京都周辺ではすでに戦機が熟していたからであろう。ここで出陣を遅らせれば宿敵細川政元を倒す絶好の機会を逸《いっ》する可能性があり、このような好機は、もう二度とめぐってこないかもしれない。

しかし義稙のこの決断は、裏目に出てしまうことになる。なにがあったのだろうか。

義稙はなぜ敗北してしまったのか

明応八年（一四九九）十一月中旬、義稙は、朝倉勢の従軍がないまま京都に向けて兵をすすめた。このころ京都のある高僧は、義稙軍の規模について「或いは曰《いわ》く、軍勢万余人。或いは曰く、五六百人」と日記に書いている（『鹿苑日録』明応八年十一月十六日条）。義稙軍の規模は「一万人以上」という説や「五～六百人」との説があったというのであり、おそらく義稙は、朝倉軍の参加がないことから「軍勢万余人」と号しつつ、五～六百人の兵を率いて京都に向かっていたのであろう。

こうしたことから義稙は、越前からすぐに京都に向かわず、いったん若狭国へ向かう動きを見せている。このころ若狭の大名若狭武田氏は、将軍義澄のほうに忠誠を誓って京都を守っていたが、「ひそかに義稙のほうに心を寄せている」という噂もあった。そこで義稙は、若狭におもむいて地元の武士たちを説き、兵を募《つの》ろうとしたのであろう。だがこれはうまくいかず、義稙は、越前の敦賀でいったん態勢を立て直した後、少数の兵を率いて京都をめざして南下することになった（『大乗院寺社雑事記』明応二年八月十一日、八年十月二十二日条ほか）。

もっとも、義稙軍は少数であったがゆえにそこからの進軍は素早く、早くも十一月十六日ごろには坂本（滋賀県大津市）にまで到達したという（『後法興院記』明応八年十一月十六日条）。なお、義稙は坂本にいたるまで細川方から特段の抵抗を受けた形跡がないから、細川政元は、京都南方における畠山尚順《ひさのぶ》との戦いに注力するあまり、義稙軍については十分な警戒を怠っていたのかもしれない。

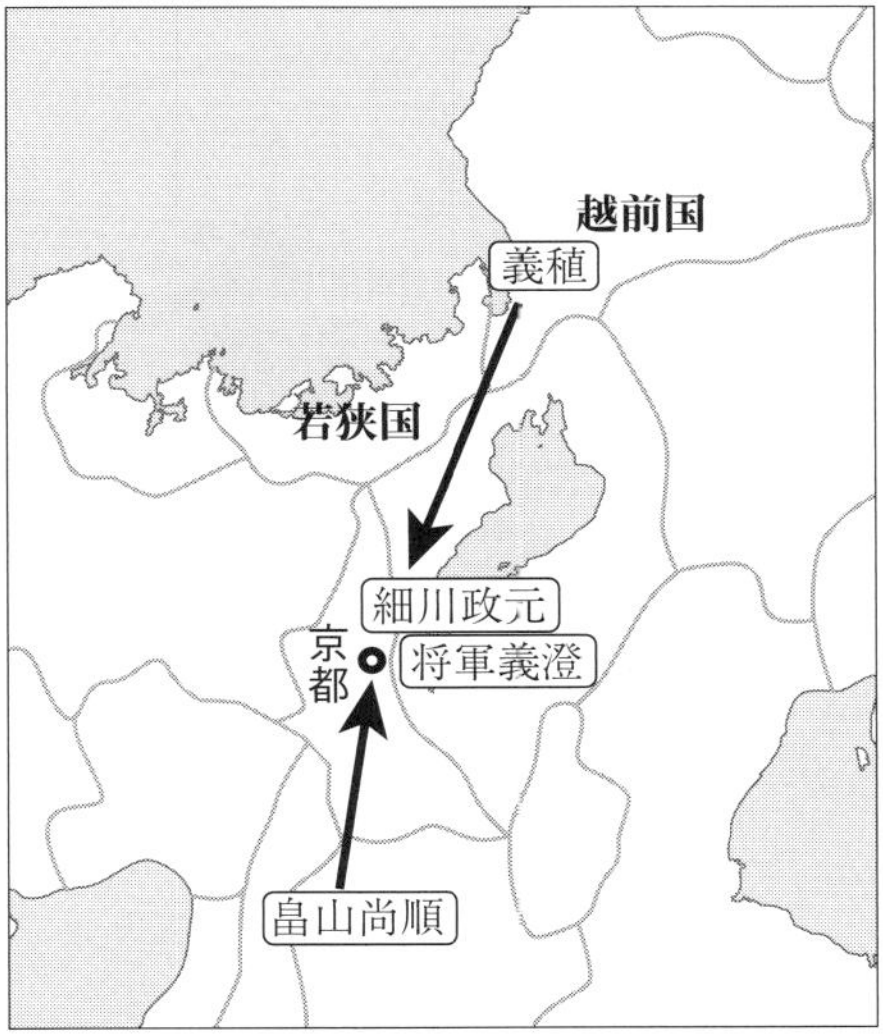

図５　京都合戦図　義稙は畠山尚順と連携し、京都の細川政元らを南北から挟み撃ちにした

さて、義稙が北陸から京都とは指呼《しこ》の距離にある坂本までせまったことで、京都の細川政元は、坂本の義稙と大阪付近の畠山尚順との戦いという、いわば両面作戦を強《し》いられる

現在の坂本の町並み　滋賀県大津市

ことになってまさに危機的状況におちいった。このような事態に、将軍足利義澄は恐怖した。そして恐怖のあまり彼は、京都の名刹《めいさつ》たる相国寺《しょうこくじ》に「将軍直臣たちに貸しあたえたいので、具足《ぐそく》（＝よろい）を借りたい」と申し入れ、寺側が「具足など持っていません」と述べて拒否すると激怒し、「では、本日中に軍費として千貫文（約一億円くらい）を献金せよ。さもなければ寺を破壊する」と口走《くちばし》り、側近の伊勢貞宗にたしなめられるあり様であったという（『鹿苑日録』明応八年九月七・八日条）。

またこのころある高僧が、将軍義澄のもとにおもむいたところ、義澄の前で細川政元、伊勢貞宗、そして武田元信（若狭武田氏当主）が集まり、坂本の義稙軍にどう対処すべきか相談しあっている、という場面に出くわしている（『鹿苑日録』明応八年十一月二十二日条）。この細川、伊勢、武田の三名は、このころの義澄陣営の支柱ともいうべき面々であった。彼らは、危機的状況のなかでいてもたってもいられず、義澄のもとに皆で集まって善後策を相談するにいたったのであろう。この場面からは、追いつめられていた義澄陣営の人びとのつよい緊張感がうかがわれる。

さてこうしたなか細川政元は、坂本まで進軍してきた義稙を討つべく、兵を坂本に急行させた（『後法興院記』明応八年十一月二十一日条）。一方義稙も、細川勢が坂本に近づいてくると、黒革、白糸で美しく装飾された見事な鎧《よろい》を身にまとい、細川勢を迎え撃つ準備をすすめた。いよいよ細川勢との決戦が間近《まぢか》にせまりつつあった。

ところがここで義稙は、思いもかけない伏兵《ふくへい》に遭遇する。それは、六角高頼《ろっかくたかより》であった。近江の大名である六角高頼は、かつて義稙から近江征伐をうけて滅亡寸前にまで追いこまれたが（→66頁）、その後もしぶとく生き残り、このころは細川政元と同盟していた。その六角勢が、坂本の義稙を奇襲したのだ。

この六角勢の攻撃に少数の義稙軍はたちまち壊滅した。義稙は、鎧を着る間もないほどあわてて逃走したという。その後義稙は、とりあえず延暦寺のある比叡山《ひえいざん》に逃れたが、そこも安全ではなく、その後いずこともなく落ちのびていった（以上、『後法興院記』明応八年十一月二十二日条、『鹿苑日録』同日条ほか）。一方、大阪周辺で細川勢と死闘を演じていた畠山尚順は、義稙の敗走で「義稙と連携して京都を南北から挟み撃ちにする」という作戦がとん挫したことから、その後やむなく兵を引き、本拠である紀伊国へと引きあげていった。あるいは、この年の飢饉の影響で兵粮が底をついていたのかもしれない（『後法興院記』明応八年十二月二十三日条ほか）。

こうして、明応八年における義稙の京都奪還戦は失敗に終わった。いったい、この敗因はどこにあったのであろうか。

義稙の敗因としてあげられるのは、彼が、朝倉氏の支援のないまま急いで京都に向かって進撃してしまったことであろう。明応八年は飢饉の年であった。それゆえ朝倉氏は兵粮米の調達を懸念し、義稙に「出陣は延期されたい」と申し入れていた。もし、このときに義稙が朝倉氏の要請を受けいれて出陣の時期を遅らせていたならば、彼は、朝倉氏の大兵を率いて京都にせまれたであろうから、あるいは戦いの結果も違ったものになっていた可能性があろう。

ただし、これはいってみれば一種の結果論にすぎない。義稙が越前から京都に向かって進撃を開始したとき、宿敵の細川政元は、京都の南方で畠山尚順と激突していた。したがって、京都の北方から突入しようとする義稙にとっては京都奪還のまさに好機であった。このような好機があったならばこれを逸せず、多少の準備不足はかえりみずに敢然《かんぜん》と出陣し、宿敵と雌雄《しゆう》を決する、というのがそもそも〝武門〟というものであろう。それで敗れたならばこれを昂然《こうぜん》と受けいれ、再起をはかる、ということなくして、どうして武門の者といえようか。

さて、義稙に大勝した細川政元は、義稙派の人びとの首に懸賞金をかけてまでしてそのゆくえを追った。だが、義稙のゆくえは杳《よう》としてわからなかった。

いったい義稙は、どこに行ったのであろうか。

義稙はどこに行ったのか

義稙は、周防国《すおう》（山口県）にいた。坂本で大敗した義稙は西に逃げ、明応八年（一四九九）十二月晦日に大内氏の領国である周防国に入った（日本学術振興会『入来文書』六七頁、一九五七年）。彼は、越前や越中にはもどらなかったのであり、これは大内氏とかねてから連絡を取りあっていたことにくわえ、これまでの経緯から朝倉氏をはじめとする北陸の大名は頼りにならない、と判断したからであろう。

さて、大内氏当主の大内義興《よしおき》は、自分を頼ってきた義稙を大いに歓迎し、明応九年三月には山口（山口県山口市）の大内館で義稙歓迎の宴をもよおした（『山口県史』史料編中世1、六二八頁所収「明応九年三月五日将軍御成雑掌注文」）。これ以降、義稙は、この周防で約八年もの日々をおくることになる。ちなみに、義稙が周防のどこに滞在していたのかは定かではないが、山口からほど近い周防国府中（山口県防府市）の国分寺《こくぶんじ》や、大内氏とゆかりの深い乗福寺《じょうふくじ》（山口市）などにいたことは確からしい。なお、義稙が府中に滞在中に大内義興は、重臣たちを月ごとに交替で府中に派遣し、義稙の警固にあたらせていたという（以上、『鹿苑日録』明応九年正月二十八日条、『私

写真上：義稙が滞在した周防国分寺　山口県防府市
写真下：義稙が滞在した乗福寺　山口市

大内館跡　山口市

家集大成』第六巻中世Ⅳ所収『下つふさ集』八七八・八八〇頁ほか）。

　このように大内義興が亡命してきた義稙を受けいれ、これを保護したのは、そうすることが大内氏にとって利益になったからであった。すなわち大内義興は、義稙を受けいれたことで義稙と他大名とのあいだを仲介するようになり、これによって他大名と誼《よしみ》をつうじるきっかけを手に入れることになった。また彼は、おのれの行動を「義稙様の上意に基づくものだ」と主張することができるようにもなり、これによって自身の行動を正当づける根拠をも獲得していった（山田貴司、二〇一二年）。

　ただし大内義興は、義稙を保護して厚遇したものの、義稙の帰京実現のために積極的に動こうとはしなかった。大内氏といえども畿内最大の勢威をほこる細川政元を倒し、京都を奪取するのは容易なことではない。しかも大内氏は、西隣の豊後国《ぶんご》（大分県）に大友氏という強敵をかかえていた。そしてこの大友氏は、大内氏が義稙を擁するようになるとこれに対抗し、京都の将軍足利義澄・細川政元のほうに接近していったから、もし大内義興が義稙を奉じて上洛することになれば、手薄になった大内領国が大友氏に狙《ねら》われる可能性があった。そうしたことから大内義興としても、なかなか動けなかったのであろう。

　そこで義稙は、大内氏と豊後の大友氏とのあいだで和平が成立するよう調停をこころみたり、大内

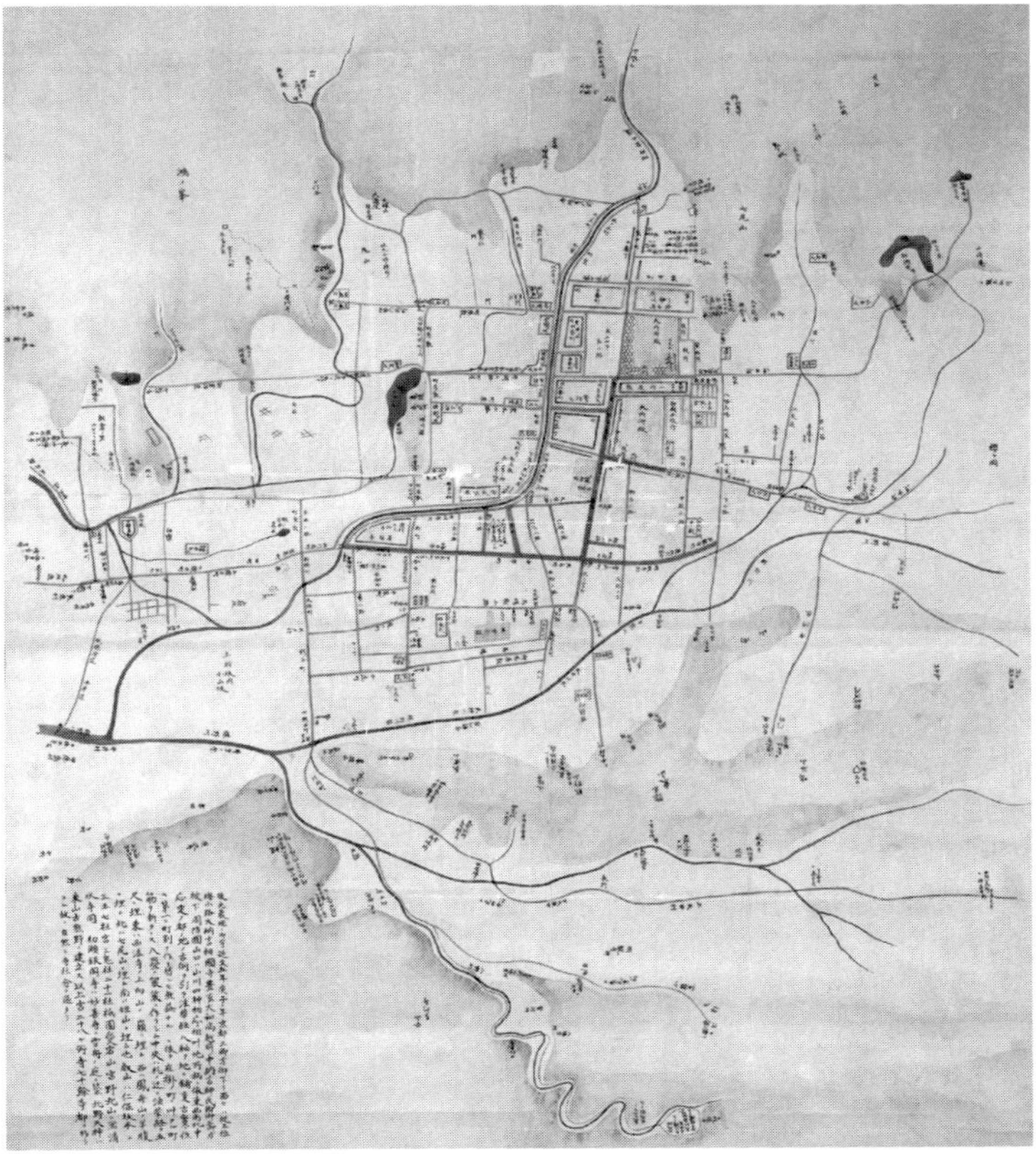

大内氏時代山口古図　山口県文書館蔵

氏以外の幅広い大名たちにも協力を求めるべく、近臣らを各地の大名のもとに派遣した。たとえば、義稙の近臣のひとり伊勢貞仍《さだより》は、周防から石見《いわみ》、出雲《いずも》、伯耆《ほうき》、因幡《いなば》、但馬《たじま》、丹後《たんご》、といった具合に山陰地方を巡回し、各地の大名や有力武士たちに義稙への協力を説いてまわったという(『下つふさ集』八八二頁)。これを受け、有力武士たち

足利義輝肖像　京都市立芸術大学芸術資料館蔵

のなかには義稙に協力を申し出る者もあった。

　ただし、義稙のような最高クラスの貴人から依頼があった場合、これをいちおう受諾しておく、というのが当時の武家社会におけるいわば「礼《れい》」であったから、このような申し出はあまりあてにならないことが多かった。また、義稙に忠節を申し出る一方で、京都の細川政元や将軍義澄のほうにも誼をつうじておこうという者もあった。たとえば、安芸《あき》国（広島県）の有力武士であった毛利《もうり》氏（毛利弘元《ひろもと》。毛利元就《もとなり》の父）は、大内義興に協力を申し出る一方で、京都の将軍義澄から忠節を求められると、これに応じる旨を返答している（『毛利家文書』一七一、一八一号）。

　こうしたことから、義稙が宿願とする上洛は、なかなか実現しなかった。

　一方、京都の将軍足利義澄や細川政元らは、義稙が西国屈指の大大名である大内氏のもとで保護されている、と聞くと危機感をつのらせ、朝廷に願って大内義興を朝敵にしてもらうとともに、大内氏と敵対する豊後の大友氏らに働きかけて、大内氏が義稙を奉じて上洛できないように手を打った（『実隆公記』文亀元年閏六月十日条ほか）。しかし、義稙や大内氏が上洛してくるような気配はなく、義稙が周防に去り、さらに明応九年九月に義稙の盟友畠山尚順《ひさのぶ》が細川政元によってふたたび大敗せしめられると（『後慈眼院殿記』明応九年九月十七日条ほか）、京都では、しだいに安心感が広がっていった。たとえば、京都に住む公家たちの日記を見ると、義稙が北陸に滞在していたころは「義稙が上洛してくる。恐ろしいことだ」といった記事がしばしばみられた。だが、義稙が周防に去った後は、公家たちの日記に義稙に関する記述はすっかり少なくなっている。周防は北陸とくらべて京都から直線距離で二倍も遠く、そのような遠方に去ってしまった義稙は、京都ではしだいに「忘れられた」存在になりつつあったといえよう。

このように、逃亡先が京都からあまり遠くに離れてしまうことは、かならずしも好ましいことではなかった。これよりずっと後の永禄《えいろく》八年（一五六五）五月、第十三代将軍義輝《よしてる》が殺害されると、弟の足利義昭《よしあき》（後の第十五代将軍）は身の危険を感じ、当時住んでいた奈良から近江国矢島《やじま》（滋賀県守山市）に逃げた。その際に義昭は、親しい大名に「越前（福井県東部）や若狭（同西部）にまで逃げようかと思ったが、これでは京都からあまりに遠くになってしまい、関係各方面の『覚《おぼ》え』もどうかと思ったので、まずはこの矢島に逗留することにした」と述べている（『上杉家文書』五一二号）。ここからは、あまり京都から遠くに離れてしまうと、支持者からの信用をうしないかねなかったことがうかがわれる。戦国期の歴代将軍はときどき京都を脱出したが、その脱出先がたいてい京都からほど近い近江などであったのは、こうしたことが一因していると考えられよう。

さて、こうして義稙は、なかなか上洛戦を開始することができないでいたが、それでは京都の細川政元や将軍足利義澄らのほうは安泰《あんたい》であったのか、というと実はそうではなかった。

なにがあったのだろうか。

上：足利義澄の花押
下：細川政元の花押

細川政元と将軍義澄はなぜ対立したのか

細川政元と将軍義澄は、義稙を周防に追い落とし、これによって長らく悩まされてきた義稙派の脅威から解放されることになった。ところがその直後からこの両者は、はげしく対立していく。

二人の対立は、義稙派の脅威が去った直後の文亀《ぶんき》元年（一五〇一）ごろからはじまった。この年の正月に細川政元は、「大樹《たいじゅ》（＝将軍義澄）と不快」になり、正月末になっても義澄のもとに出仕しなくなった。その後政元は出仕を再開したものの、翌文亀二年二月に義澄への不満から「隠居」と号して重臣の邸宅に引きこもり、さらに「京都を去って領国に下向する」と言いだして義澄をあわてさせた（『後法興院記』文亀元年正月二十六日条、『宣胤卿記』文亀二年二月二十一日条ほか）。

この細川政元の隠居騒ぎは、その後将軍義澄が政元のもとに出向き、隠居しないよう慰撫《いぶ》したことでいちおう収束した。だがその半年後の文亀二年八月に、今度は義澄が細川政元への不満から「隠居」と号して京都の岩倉にある金龍寺《こんりゅうじ》（妙善院《みょうぜんいん》）に引きこもり、政元に七か条の要求をつきつける、という事件を起こした（『実隆公記』文亀二年八月四・五日条ほか）。ちなみにこの金龍寺は、六年前に亡くなった日野富子と関係の深い寺であった（富子の元山荘で、彼女が隠居所にしようとした寺であり、妙善院とは富子の法名である)。義澄がこのような寺をわざわざ選んで引きこもったのは、自分が「明応の政変」の際、足利将軍家を代表する日野富子から正統な将軍家継承者として承認されていたことを、専恣《せんし》なふるまいの多い細川政元ら内外にあらためてアピールするねらいがあったのかもしれない。

さて、この将軍義澄の隠居騒ぎは、細川政元が義澄から求められた七か条の要求を受諾することでおさまった。なおこの七か条のなかには、前将軍義稙の異母弟で、このころ京都の実相院《じっそういん》の僧侶になっていた義忠《ぎちゅう》を「殺害せよ」という項目もあった。これは、将軍義澄が「細川政元は、この義忠を新将軍とし、義忠の兄である前将軍義稙と和睦して自分を追放するのではないか」との疑念をいだいていたからだと思われる。そこで細川政元はこの疑念を晴らすべく、義忠を殺害したのであった。当時、義忠は二十四歳であった(『後法興院記』文亀二年八月六日条ほか)。

この結果、将軍義澄と細川政元との関係は、その後やや小康状態を保った。しかし対立がやんだわけではなく、永正《えいしょう》元年(一五〇四)六月には「公方(=将軍義澄)御進退《ごしんたい》、毎事細川の意に違《たが》う」(『大乗院寺社雑事記』永正元年六月二十六日条)といわれた。そして永正二年正月早々には、将軍義澄のもとに出仕した細川政元が、義澄と宴席の場で対大名政策をめぐってはげしく口論し、激怒した政元が宴会の途中で勝手に退出する、という事件が起こって二人の関係は一挙に険悪化した(『後法興院記』永正二年正月十六日条)。

この翌年の永正三年も、細川政元と将軍義澄との対立はつづいた。すなわち、五月には「近日、大樹(=将軍義澄)と京兆《けいちょう》(=細川政元)不快の由、その聞こえあり」(『尚通公記』永正三年五月五日条)

といわれた。また六月には、細川政元が「遁世《とんせい》する」と言いだして義澄がこれを止める、といった事件が発生し、その後も政元が東国などに下向すると言いだしては、そのつど義澄が政元のいるところまで出向いてこれを慰留する、といったことが何度もくり返された（『尚通公記』永正三年六月十三日条、『実隆公記』永正三年七月十六日、十一月四日、永正四年四月二十八日条ほか）。

それにしても、いったいなぜ細川政元と将軍義澄は、義稙派の脅威からしだいに解放されつつあったにもかかわらず、かくもはげしく対立するようになってしまったのであろうか。

その理由のひとつは、「明応の政変」によって将軍に擁立されたときはわずか十四歳であった将軍義澄が、このころ二十歳を越え、しだいに我意《がい》を主張するようになったことがあげられよう。また、二人が対立するようになった背景には、やや逆説的であるが、このころ義稙が遠く周防に去り、その脅威がしだいに低下していったこともあったように思われる。

そもそも、細川政元・将軍義澄双方にとって、義稙は「共通の敵」であった。そして、こうした「共通の敵に対する憎悪感ほど早く集団を団結させる感情は他にない」（↓25頁）。それゆえ、義稙が北陸にあって京都をさかんにねらっていたころは、細川政元と将軍義澄は、あまり対立することはなく、ともに団結して義稙派の攻勢に対処していた。たとえば明応八年末、義稙が越前から坂本にまで進軍して京都を震撼《しんかん》させたときには、将軍義澄の御前に細川政元や伊勢貞宗・武田元信が集まり、坂本の義稙勢にどう対処すべきか鳩首凝議《きゅうしゅぎょうぎ》していた（↓118頁）。ここからは、義稙という「共通の敵」を前にして、義澄と政元らがかたく団結していたことがうかがわれよう。

しかし、その後義稙は没落し、遠く周防に去ってしまったのであり、そしてこのような「共通の敵」の没落は、味方同士の団結力をどうしても弱体化させざるをえない。ここに、これまで団結していた細川政元と将軍義澄とが、義稙の脅威が低下していくにつれて対立していった理由の一端があったとみられる。こう考えれば義稙の没落は、細川政元と将軍義澄にとってはかえって負の効果をもたらしてしまった、といえるかもしれない。

さて、京都がこうした状況であったこともあって、周防に逼塞《ひっそく》する義稙は、京都奪還の意欲をうしなわず、畿内の政治情勢をにらみつつ上洛の機会をうかがっていた。

たとえば永正二年（一五〇五）末には、義稙に忠誠を誓って畿内で孤軍奮闘《こぐんふんとう》する畠山尚順《ひさのぶ》が、一族をまとめてふたたび勢威をもりかえしてきた。そこでこれを知った義稙は、京都奪還の好機ととらえ、大内義興とともに山口から周防国府中（山口県防府市）まで兵をすすめた。しかし、京都では細川政元と将軍義澄との対立がつづいていたとはいえ、細川一門は、政元を中心に団結してなお畿内において大きな勢威をふるっていた。そうしたなかで義稙が安易に上洛することは危険であり、結局このときも上洛は見送られることになった（『多聞院日記』永正三年二月二十八日条ほか）。

そして、その後は義稙が上洛する機会はなかなか訪《おとず》れず、時間だけが空《むな》しくすぎていった。

このころは、義稙にとって忍従の毎日であったといえよう。人は、いかに逆境にあろうとも、将来に光明を見い出すことができれば逆境に耐えることができる。しかし、将来に光明を見い出せないと、人の心は折れやすくなる。将来への展望がなかなか開けないなかで、いったい義稙は、なにを頼りにこの苦難の日々に耐えていたのであろうか。

だが、あきらめてはいけない。人生には、なにが起こるかわからないのだ。

永正四年六月末、京都から義稙のもとに驚くべき知らせが届いた。なんと「細川政元が殺された」というのだ。細川一門は、政元の死によって大混乱におちいっているという……。

運命の歯車が、ふたたび音を立てて動き出していく。

第Ⅲ部　ふたたびの栄光と思わぬ結末

畿内最大の有力大名・細川一門の惣領として義稙を支えた細川高
国肖像　京都市・東林院蔵　写真提供：京都国立博物館

第一章　義稙はなぜ将軍位に返り咲けたのか

細川政元はなぜ殺されたのか

永正《えいしょう》四年（一五〇七）六月二十三日、細川政元が殺された。いったい、政元の身になにが起こったのであろうか。

そもそも、細川政元には後継者となるべき男子がいなかった。それゆえ彼は、延徳三年（一四九一）に北国に巡礼の旅に出かけることになると、自分に万が一のことがあった場合にそなえ、摂関家のひとつである九条《くじょう》家から三歳になる男子を養子に迎えた（↓21頁）。なお、細川一門の者を養子にしなかったのは、もし一門の者を養子にするとその実家が台頭し、政元の地位を脅《おびや》かす可能性があったことがそのひとつの理由であろう。公家の九条家出身者ならば、そうした懸念は少なかった。

さて、この九条家出身の男子は、その後も細川政元に男子が生まれなかったことから政元の養子でありつづけた。そして彼は、永正元年（一五〇四）十二月に元服したうえ、将軍義澄の偏諱《へんき》（名前の一字）をもらって「細川澄之《すみゆき》」と名のり、政元の後継者としてしだいに認知されていった（『後法興院記』明応四年七月二十五日、永正元年十二月十日条ほか）。

だが細川一門の人びとにとって、九条家出身のこの細川澄之は、自分たちとはなんら血縁関係のない他人でしかない。それゆえ、このような人物が細川一門の惣領《そうりょう》になることには、当然ながら一門・重臣たちのあいだで異論も出るようになった（『不問物語』上巻・六十七頁。和田英道、一九八三年）。そこで細川政元も、こうした声におされたのか、細川一門である阿波《あわ》細川氏出身の男子を新たに養子として迎えた。阿波細川氏は細川一門の最有力庶家であり、これまでなにかと惣領である細川政元に反抗していたから、これを懐柔《かいじゅう》する意図もあって政元は、同氏の男子を養子にしたのであろう。

さてこの阿波細川氏出身の男子は、永正三年四月に阿波国から上洛し、将軍義澄から偏諱をもらって「細川澄元《すみもと》」と名のった（『尚通公記』永正三年四月二十一日条ほか）。そして、政元の後継者はこの細川澄元ということになり、九条家出身の澄之のほうは、後継者の地位をはずされていった。

ところが、これで問題が解決されたわけではなかった。

というのは、阿波細川氏出身の細川澄元が政元の後継者としての地位を確立させていくにつれて、阿波細川氏の重臣である三好之長《みよしゆきなが》（三好長慶《ながよし》の曽祖父）らが台頭し、今度はこれに他の細川一門や重臣たちが不満をいだいたからにほかならない。そして不満をもつ一部の重臣たちは、廃嫡された細川澄之のもとに参集し、ついに永正四年六月、澄之を細川一門の惣領にすべく京都で決起し、現惣領である細川政元を殺害してしまった。政元は、湯殿で行水《ぎょうずい》しているところを無残に斬り殺されたという。享年、四十二

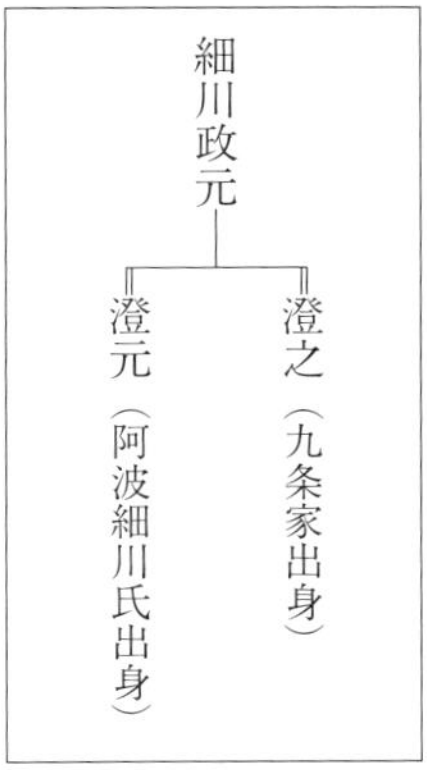

系図３　細川政元は、澄之と澄元の二人を養子にもった

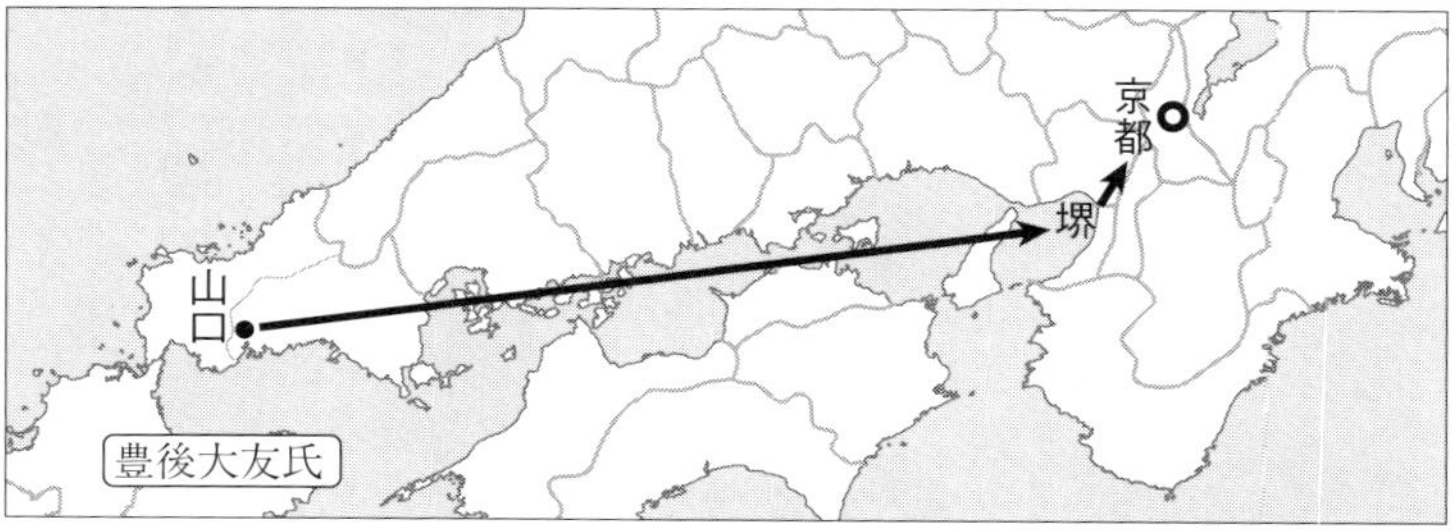

図６　義稙上洛図

義稙が上洛途中に寄港した大畠の港　山口県柳井市

歳であった（『宣胤卿記』永正四年六月二十四日条ほか）。

　この結果、細川一門は大混乱におちいった。では、この事態に遠く周防国《すおう》（山口県）で逼塞《ひっそく》していた義稙は、どう出たのであろうか。

　周防の大内義興《よしおき》のもとにあった義稙のところに「細川政元が殺された」との知らせが入ったのは、政元の死の直後である永正四年六月末ごろであったという。当初義稙は、この知らせを誤報と思って信じなかったが、その後、続報がつぎつぎともたらされて細川政元の死は確実であることが明らかとなり、大内義興をはじめ周囲の者たちは義稙のために大いに祝った。だが義稙は、安易には喜ばず、なお慎重であったという（『不問物語』下巻・七八頁）。

　さてその後、義稙と大内義興は、細川一門の混乱に乗じて京都奪還をはかるべく出陣の準備をすすめた。そして、大船七十艘を中心とした大船団を編成すると、永正五年正月ごろに周防の三田尻《みたじり》（山口県防府市）の港を出帆《しゅっぱん》し、瀬戸内海を東にすすんで正月二十七日に大畠《おおばたけ》（山口県柳井市）に着き、二月十二日にはさらに東にすすんで蒲刈《かまがり》（広島県呉市）の港に入った（『不問物語』下巻・七八頁）。しかし義稙は、先を急がず蒲刈に約一か月間も逗留したという。なぜだろうか。

この理由のひとつは、大内氏の宿敵である豊後国の有力大名、大友氏の動向が不透明であったことがあげられる。大内勢が義稙を奉じて上洛すると、手薄になった大内領国に西方から大友氏が攻めこんでくるかもしれない。それゆえ義稙や大内義興としては、これを警戒し、大友氏の動向を見きわめねばならなかった（図6）。

また、もうひとつの理由として次のようなことも考えられよう。このころ京都では、細川政元が殺害され、細川一門は大きな混乱におちいっていた。義稙にとってはまさに京都奪還の好機であったといえようが、しかし義稙は、細川一門の面々から見ればいわば「共通の敵」であった。したがって、このような義稙があまり早く京都にせまってしまうと、せっかく混乱状態にある細川一門の面々が、義稙という「共通の敵」を前にしてふたたび団結してしまうかもしれない。そこで義稙は、京都の情勢を注視しつつ、あまり先を急がずに慎重に兵をすすめていったのではあるまいか。

では、その京都では細川政元の殺害後、いかなる情勢になっていたのであろうか。

政元の死によって細川一門はどう混乱したのか

永正四年六月末に細川政元を殺害した細川澄之《すみゆき》とその与党は、ライバルである細川澄元をも近江国甲賀《こうか》（滋賀県甲賀市）に追い落とした。だが、これで細川一門の混乱が収束したというわけではなかった。細川高国《たかくに》をはじめとする多くの細川一門が、細川澄之に味方せず、逆に澄之を討つ準備をはじめたからにほかならない。

九条家出身の澄之は、細川の血を引いていなかった。しかもこの澄之は、戦国時代にあってもなお重視されていた「主君」（細川政元）を謀殺したのであるから、澄之に細川一門の人びとが味方しなかったのは当然といえるかもしれない。かくして澄之は、永正四年八月一日に細川高国ら細川一門の面々にいっせいに攻められ、大敗してあっけなく滅んでしまった。このとき澄之は十九歳であった（『実隆公記』永正四年八月一日条ほか）。

さて、澄之が滅亡したのちに細川一門の次期惣領として台頭してきたのは、澄之によって甲賀に追いはらわれていた細川澄元であった。彼は、澄之が滅亡したと聞くとただちに逃亡先の甲賀から帰京し、その後は澄之派の残党を追って大和国（奈良県）にまで侵攻したうえ、永正四年十月末には大和国全土をほぼ掌握するなど、細川一門の次期惣領としての基盤を着々と築いていった（『宣胤卿記』永正四年十月二十三日条ほか）。さらに澄元は、将軍義澄から細川一門の惣領としての認証を受け、また、義澄に「前将軍の義稙が京都に近づいているようだが、きちんとこれを防ぎます」と述べて自信をみせていった（『尚通公記』永正五年二月二十九日条ほか）。

ところが、こうした澄元の台頭に細川高国ら他の細川一門の面々は、しだいに不快感をつのらせていった。澄元は、細川政元の養子となり、生前の政元から後継者に指名されていた。だが彼は、しょせんは細川一門の庶流にすぎない阿波細川氏の出身でしかなかった。しかもこの澄元は、阿波から上洛してきてまだ二年ほどでしかなく、それゆえ、これまで長いあいだ京都にあって細川政元を支えてきた多くの細川一門の面々にとっては、決してなじみのある人物でもなかった。さらに、澄元の台頭にともなって、三好之長《ゆきなが》ら阿波細川氏の重臣たちの専横が目立つようになってきたから、細川高国をはじめとする多くの細川一門は、ますます澄元に反発していった（『不問物語』上巻・七十六頁）。

こうした状況をみた澄元は怒り、自分に反対する細川一門の面々に圧力をかけるべく、彼らを代表する細川高国を、永正五年三月に京都から伊賀国《いが》（三重県西部）に追いはらった（『実隆公記』永正五年三月十九日条ほか）。この結果、澄元が惣領として細川一門を掌握するかにみえたが、ほかの細川一門・重臣たちは澄元を嫌ってこれに同調せず、かえって細川高国のほうを支持した。それゆえ澄元は孤立し、その後細川高国が兵を率いて伊賀から京都にせまってくると、京都を脱出してふたたび甲賀に逃れた（『拾芥記』永正五年四月九日条ほか）。

こうして、細川澄元が京都を去って今度は細川高国が上洛し、高国は、この直後に開催された細川一門・重臣たちの評議によって次期惣領に選出された。

なお、このとき高国が惣領に選出された理由のひとつは、彼が、当時の細川一門のなかでは故政元に血縁が近い、ということであったという（『不問物語』上巻・七十七頁。高国は、政元の祖父の伯父であった満国の子孫にあたる)。ここからは、戦国時代初期のこの段階においても「血筋」がなお重視されていたことがうかがわれる。公家の九条家出身で細川の血を引いていない細川澄之や、細川一門とはいえ傍流にすぎない阿波細川氏出身の細川澄元が、結局のところ細川一門の広範囲な支持をえられなかったのも、この点に理由の一端が求められるといえよう。

さて、こうして細川一門の惣領となった細川高国であったが、ただちに危機に直面した。それは、義稙が大内勢を率いて京都にせまっていたからにほかならない。

では、このころ義稙はどう動いていたのであろうか。

義稙はいかにして京都を奪い返したのか

前述したように義稙と大内勢は、細川政元の暗殺をきっかけとした細川一門の混乱を知ると、永正五年(一五〇八)正月ごろに周防の三田尻《みたじり》を出帆して瀬戸内海を東にすすみ、二月十二日に蒲刈《かまがり》の港に入ってここに一か月ほど逗留した。おそらくここで義稙と大内勢は、周囲の情勢を観察していたと思われるが、大内氏の宿敵である西方の豊後大友氏は、義稙・大内方の勝利を予測したのか動く気配をみせず、また京都では細川一門の後継者争いが、泥沼化の様相を呈《てい》して容易には収拾されそうになかった。そうしたことから義稙と大内勢は、永正五年三月十六日に蒲刈を出帆して東にすすみ、三月二十五日には備後国鞆《とも》(広島県福山市)に着き、さらに四月十日には備前国下津井《しもつい》(岡山県倉敷市)の港に入った(『不問物語』下巻・七十八頁)。いよいよ義稙と大内勢が、京都に接近してきたのだ。

先ほど述べたように、この直後に新たに細川一門の惣領となったのが、細川高国であった。彼は、将軍足利義澄を奉じて京都を守り、西方からせまりつつある義稙・大内勢と戦わなくてはならなかった。だがこのころの細川一門は、政元の後継者をめぐる内紛によって歴戦の宿将《しゅくしょう》たちがつぎつぎに討ち死にし、その軍事力を大きく減退させていた。しかも細川高国は、細川一門の惣領になったばかりでいまだ十分には一門を掌握しきれてはいなかった。近江には、ライバルの細川澄元が健在であり、また、一門のなかには高国の惣領就任に不快感をもつ者もあって、なお内紛の火種が消えてはいなかったのである。

義稙が上洛途中に寄港した鞆の港　広島県福山市

こうした状況から細川高国は、西からせまりつつある義稙・大内勢の大軍に対抗することは困難とみて、「義稙に降伏する」ことを決断した。

このことは必然的に、「細川一門が将軍義澄を見捨てる」ということを意味したから、最大の支柱たる細川一門の支持をうしなった将軍義澄は、苦しい立場に追いこまれることになった。そこでやむなく将軍義澄は、永正五年四月十六日に近臣らとともに京都を脱出し、近江の有力武士九里《くのり》氏の居城である岡山城（滋賀県近江八幡市）にいったん身を引いた（『実隆公記』同日条、『大分県史料』二十六所収「柳河大友家文書」

四五八号ほか）。義澄は「明応の政変」以来、十五年もの長きにわたって将軍として君臨し、京都を確保してきたのだが、ここでついに京都をうしなったわけであった。もっとも彼はなお余力を残しており、これ以後反撃に転じていく。だが、それはまた後に述べよう。

さて、将軍義澄が京都を去った永正五年四月十六日には備前国牛窓《うしまど》（岡山県瀬戸内市）まで進出していた義稙・大内勢の大船団は、その後、さらに東にすすんで四月二十日には播磨国室津《むろつ》（兵庫県たつの市）、二十四日には摂津国兵庫（兵庫県神戸市）にいたり、二十七日にはついに堺《さかい》（大阪府堺市）の港に到着した。ここで義稙は、下船して堺の引摂寺《いんじょうじ》という寺に入り、京都から下ってきた細川高国を引見してその降伏を受けいれた（『尚通公記』永正五年四月三十日条ほか）。ここにいたり、かつて義稙を「明応の政変」で失脚せしめた細川一門は、ふたたび義稙に臣従することになったのである。おそらく義稙は、感慨ひとしおであったにちがいない。

もはや義稙の京都奪還・将軍復帰は、確実な情勢であった。

ただし義稙は、なおも周囲を警戒して堺に一か月以上も滞在し、畿内における唯一の義稙支持者としてこれまで奮闘してきた畠山尚順《ひさのぶ》らの参礼などを受けながら、じっくりと入京の準備をすすめた。そして永正五年六月六日、もはや安心と判断した義稙は、大内義興以下の大軍を率いつつ堺を立ち、六月八日に大群衆が見守るなかついに京都に入城して、とりあえず一条室町にある将軍直臣吉良《きら》氏（吉良義信）の邸宅を仮御所としてここに入った（『実隆公記』永正五年六月八日条ほか）。

こうして義稙は、実に十五年ぶりに帰京を果たした。

思えば長い年月《としつき》であった。十五年前、細川政元らによって縄目の恥辱を受け、京都に監禁されていた義稙は、深夜、大嵐のなかをひそかに京都を脱出した。そして、その後いったんは兵を率いて京都近くの坂本までせまったが、あえなく撃退されてしまった。しかしついにここに義稙は、宿願の京都入城を果たしたのである。なんという幸運といえようか。このとき義稙は四十三歳になっていた。

とはいえ義稙にとって正念場《しょうねんば》は、これからであった。かつて義稙は、二十代半ばで一度将軍となったが、細川政元らに反乱を起こされ、大名たちの支持もうしなって失脚した。もはや二度とこのような失敗は許されないであろう。せっかく手に入れた権力者の座をいかに保っていくのか——これが義稙の課題であった。

京都の一条通と室町通の交差点　このあたりに帰京後の将軍義稙が仮御所とした吉良邸があった　京都市

では、この課題を達成するにはどうすべきであろうか。

前にもふれたように、足利将軍家にはもともと強大な直属軍もそれを支える広大な直轄領もなく、それゆえ将軍家にとって大名たちが頼りであった。これは、義稙の場合も変わらない。したがって義稙が政治的安定を確保していくには、多くの大名たち、とりわけ京都にのぼって義稙を直接支えた大名たちをうまく手懐《てなず》けておくことが肝要であった。「大名たちを手懐け、彼らから協力を引き出せることができるかどうか」が、義稙の権力維持の成否を左右する、もっとも重要なカギであったといってもよかろう。では、在京して義稙を支え、義稙のいわば支柱《しちゅう》となった大名とはどのような面々であり、そして義稙は、彼らからいかにして協力を引き出していったのであろうか。

将軍義稙はどのような大名たちに支えられたのか

永正五年（一五〇八）六月八日に京都に入った義稙は、この直後の七月一日に朝廷から征夷大将軍に再任され、名実ともに第二次政権をスタートさせた。前将軍義澄を近江に追い落とし、京都を掌握した将軍義稙には、多くの大名が支持を表明し、義稙に帰京の祝儀としてさまざまな贈り物を献じた。もっとも、これらの大名たちすべてが将軍義稙に完全に服していた、というわけでは無論ない。

そもそも、戦国時代以前（応仁・文明の乱以前）までは、大名たちは将軍を頼り、将軍から「守護」などの地位に任命されることではじめて各々の領国を支配することが可能となった。それゆえ多くの大名たちは、おおむね将軍の命令に服していた。

しかし、戦国時代になると大名たちは、しだいにみずからの実力だけでそれぞれの領国を支配するようになっていった。つまり大名たちは、もはや将軍に頼らなくても領国を支配できるようになっていったわけである。それゆえ大名たちは、たとえ将軍の命令であっても、彼らの利益に反するようなものであったならばこれをしばしば拒否するようになった。こうして、大名たちに対する将軍の影響力はしだいに低下し、このような傾向は、時間の経過とともにますます顕著となっていった。

ただし、だからといって将軍が、まったくの無力になってしまったわけでは決してなかった。将軍は、なお大名に対する影響力を一定の割合でもちつづけていた。その理由のひとつは、戦国時代であっても将軍がなお大名たちにとって利用価値の高い存在であったからにほかならない。

この点を栄典《えいてん》という点から説明しよう。

栄典とは、将軍が大名たちに授与していた一種の爵位のことである。戦国時代では「御供衆《おともしゅう》」や「御相伴衆《おしょうばんしゅう》」などの称号、「左京大夫《さきょうのだいぶ》」や「陸奥守《むつのかみ》」といった朝廷の官位、将軍の偏諱《へんき》（＝名前の一字）を自分の名前に使う権利や、将軍家の家紋を使ったり、「塗輿《ぬりごし》」と呼ばれる特別な乗り物に乗ったりする権利などが栄典とされており、さまざまな種類、さまざまなランクがあった。

もとよりこういった栄典は、それを手に入れたからといってなにか具体的な権限などを入手できたわけではなかった。しかし大名たちは、「ライバル関係にある近隣の大名たちに栄典のランクで負けたくない」との思いがつよく、それゆえたがいに競《きそ》いあって、ライバルより少しでも高いランクの栄典を授与してくれるよう将軍に求めていた。そして、そういった高いランクの栄典は、将軍と良好な関係を保っていれば入手しやすくなったから、この点において大名たちにとって将軍との良好な関係は欠かせなかった。

また、戦国時代においても将軍は、各地の大名たちとさまざまな人脈をもっていた。それゆえ大名たちは、将軍と親しくしておけば、将軍をつうじて交戦中の敵の大名とも和睦交渉をはかることができ、それによって敵と和睦する「きっかけ」を入手することが可能となった。これまで敵対していた相手との和睦は、たとえ双方が望んでいたとしても、なにか「きっかけ」がないとなかなか成り立ちえなかったから、これを提供してくれる将軍の存在は大名たちにとって貴重であった。

さらに、戦国時代にいたっても将軍は、なお大名・武士たちの「主君」として一定の社会的尊敬を受けていた。そのため大名たちは、敵と和睦交渉などをする際、将軍に間に立ってもらうことによって、たとえ相手に譲歩する場合であっても「相手に屈したのではない。将軍様の仰《おお》せがあったので譲歩したのだ」といった「言い訳」をし、それによって自身の体面を保ちつつこの譲歩を内外に説明することも可能となった。たとえば戦国時代後半、中国地方の有力大名毛利氏は、ライバルである豊後国の有力大名大友氏と大幅な譲歩をして和睦せざるをえなくなった際、「毛利氏としてはこのような和睦は心外なことだったのだが、将軍様の御意向であったので、私欲をとどめて大友氏との和睦に応じたのだ」と、配下の有力武士に言い訳している（『益田家文書』三〇七号）。

このように、戦国時代にいたっても将軍にはさまざまな利用価値があった。それゆえ大名たちは、将軍を決して無視することなく、将軍と親しくなろうとしばしば将軍に献金するなど、自分たちの死活的利益が侵害されない範囲内で将軍の上意を受けいれていた。そうした点からいえば戦国期の将軍は、強力な存在ではなかったものの決して無力というわけでもなかった、といえよう（以上、山田康弘、二〇一一年）。

したがって、京都にのぼってこのような将軍を直接支え、将軍を利用していこうという大名たちも戦国時代には少なからず存在した。たとえば、第十五代将軍義昭《よしあき》を擁して上洛した織田信長は、そのひとりであった。そして永正五年に帰京した将軍義稙にも、在京してこれを支えていこうという大名たちがあらわれた。それは次の四人の大名たち、すなわち、

①大内義興《よしおき》（義稙とともに上洛した中国地方の有力大名。当時三十二歳）。

②細川高国（畿内最大の勢威をもつ有力大名である細川一門の惣領。当時二十五歳）。

③畠山尚順《ひさのぶ》（これまで終始一貫して義稙を支持してきた畿内の有力大名。当時三十五歳）。

④畠山義元《よしもと》（畠山尚順の一族で尚順と連携する能登国《のと》〈石川県北部〉の大名）。

であり、このように複数の大名たちが在京して将軍義稙（当時四十三歳）を直接支える、というのは、義稙にとって理想的な形態のひとつであった。

というのは、将軍がひとりの大名だけに支えられる、ということになると、もしその大名が没落した場合、将軍もまたその影響を受けて没落せざるをえなくなるからにほかならない。たとえば前将軍の足利義澄は、細川一門にあまりにも依存していたがために、細川政元の後継者をめぐって細川一門が動揺するとたちまちその地位が不安定化し、新たに細川一門の惣領になった細川高国に見捨てられたことで近江への没落を余儀なくされてしまった。このことは、将軍にとってひとりの大名に過度に依存することがいかに危険であったか、ということを如実に物語っていよう。

したがって将軍にとって理想的であったのは、将軍が多くの大名たちに支えられること、とりわけ、複数の大名たちが在京して将軍を直接支える、という形態の現出することであった。そうした点からいえば、大内・細川・畠山・能登畠山という四人の在京大名に支えられた将軍義稙は、まさに理想的

な形態にあったといえる。それゆえ義稙は、この形態が長く維持されるようにつとめていった。

　では義稙は、それをどのようにして果たしていったのであろうか。

将軍義稙は支柱大名たちとの関係をどう調整していったのか

　将軍義稙がこの課題を克服するためにとった方策のひとつは、自分を支える大名間で紛争が起きた場合、これを積極的に調停して大事にいたらしめない、ということであった。一例をあげよう。

　将軍義稙の支柱たる四人の在京大名たちのうち、大内義興と細川高国はとりわけ良好な関係を保っており、この両者は、大内義興が永正十五年（一五一八）八月に京都を去って帰国するまで頻繁にたがいの邸宅を訪問しあうなどして信頼を確認しあい、連携していた。しかしこの両者は、きびしく対立したこともあった。それは永正六年正月に起きた、双方の被官《ひかん》（＝広い意味での家臣）同士の争いに端を発した対立であった。

　永正六年正月十二日、公家の一条家がもつ京都の敷地の地子銭《じし》（＝地代）をめぐり、大内義興の被官である三隅《みすみ》某と、細川高国の被官である柳本《やなぎもと》某とのあいだで喧嘩が発生した。このとき大内勢は、三隅某に合力したものの柳本ら細川勢にさんざんに追いはらわれ、打ち殺される者も出るなどして恥辱を受けるにおよんだ。それゆえこれを知った大内義興は、細川方に腹を立てた。その結果、大内と細川の抗争は拡大し、ついに京都では大内・細川のあいだで今にも大合戦がはじまるような雰囲気になって人びとを驚かせた（『後柏原院御記』永正六年正月十二・十六日条ほか）。

よく知られているように、中世社会では従者、とりわけ譜代《ふだい》でない従者は、主人に不満があるときは自分のほうから一方的に主従関係を破棄してもよい、という「去就《きょしゅう》の自由」が認められていた（佐藤進一、一九七四年、一七五～一七八頁）。それゆえ主人は、従者を引きとめておくためにつねに従者に肩入れしなければならず、その結果、主人同士の関係がたとえ良好であったとしても、従者同士の争いで主人同士が争うことになってしまう、ということがあった。このケースも、そのひとつであるといってよかろう。

こうしたなか将軍義稙は、大内・細川間の紛争を調停すべく動き出した。

大内義興も細川高国も、将軍義稙にとっては支柱というべき大名たちであり、その両者が対立するなどということは義稙にとって不都合この上ない。そこで義稙は、みずから大内義興邸に出向いたうえ、ここに細川高国も招いて双方を仲裁し、事態が沈静化するよう手をうった。この結果、大内義興も細川高国に対する遺恨《いこん》を捨て、ようやく大内・細川の両者は、もとのごとく和解にいたったという（『後柏原院御記』永正六年正月十六・十七日条、『実隆公記』永正六年正月二十七日紙背文書ほか）。

こうして将軍義稙は、大内・細川間を調停してその紛争の解決に成功した。なお先にも述べたように、大名同士で対立が起きた場合、双方に人脈をもつ将軍が仲介して和平の「きっかけ」を当事者にあたえたりすることがあった。また、全面抗争を望まない大名たちのほうも、将軍の介入を「言い訳」にして矛《ほこ》をおさめるということがあったから、あるいはここでも、そうした将軍の機能が発揮されたのかもしれない。

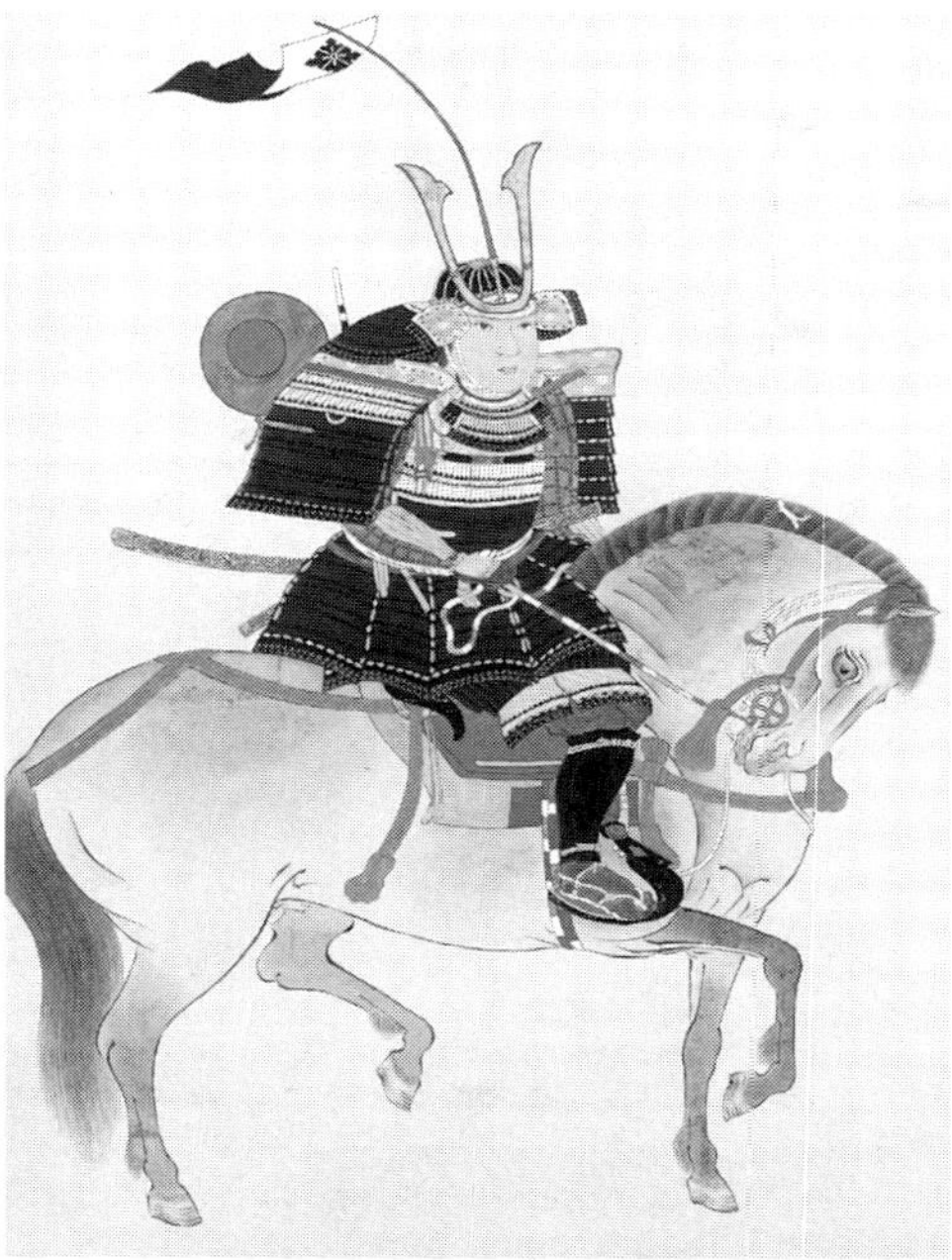

義稙を周防亡命時代から支え続けた大内義興肖像　山口県立山口博物館蔵

さて、将軍義稙が支柱大名たちとの関係を安定的に保つためにとったもうひとつの方策は、支柱大名たちのあいだでのバランスをはかっていく、というものであった。

そもそも、将軍義稙を支えていた大内・細川・畠山・能登畠山という四人の在京大名のうち、最大の功臣はなんといっても大内義興であった。大内義興は、明応八年（一四九九）末に京都侵攻に失敗して逃れてきた義稙をその領国周防国に迎え、以後八年間にもわたって義稙を保護しつづけた。そのうえ、永正五年（一五〇八）には上洛を果たそうとした義稙に大船団を提供し、みずからもまた上洛して義稙の京都政界復帰、将軍再任を実現させたのであり、こうしたことを考えれば大内義興の軍功は群を抜いていたといえよう。

しかし大内義興は、将軍義稙からその軍功に見合った十分な厚遇を受けなかった。たとえば京都に復帰した義稙は、これまでの大内義興の数々の軍功に対する恩賞として彼を将軍家第一等の重臣が代々任じられてきた山城国（京都府）守護に任じた。しかし、当初義稙が大内義興にあたえたのは、山城国守護の地位ではなく、相国寺《しょうこくじ》（京都）領であった和泉国堺《さかい》南庄（大阪府堺市）であったという。ところが大内義興は、これを聞くと即座に堺南庄の受け取りを拒否し、「寺社本所領は、元のごとく寺社本所に返すべきだ」と称してこれを元の領主の相国寺に返してしまった。そこでこのことを知った義稙は、堺南庄のかわりに山城国守護の地位を大内義興にあたえ、今度は大内も領掌してこれを受けとったのだという（以上、『梵恕記』永正五年五月九日条）。

つまり、大内義興が当初義稙から恩賞としてもらったのは、貿易港として知られる堺の港を擁してそれなりの年貢収入が期待できたとはいえ、堺南庄というたったひとつの庄園であったわけであり、大内がこれを即座に返上してしまったのは、その軍功に比してあまりにも少ない恩賞に不満があったゆえかもしれない。そこで、大内義興の不満を知った義稙は、堺南庄のかわりに重職たる山城国守護職を大内にあたえ、今度は大内も満足してこれを受けとったのではあるまいか。もしこのような見方が成り立つとするならば、大内義興は、最大の功臣であったにもかかわらず義稙からあまり厚遇されていなかったことになろう。

大内義興が将軍義稙からあまり厚遇されていなかったことは、次の事例からもうかがわれる。すなわち、義稙が京都に復帰し、ふたたび征夷大将軍に任じられた直後の永正五年七月二十三日、大内義興は突然「周防に帰国する」と言い出した。このとき大内義興が突然帰国を言い出したのは、将軍義稙に対して「述懐《じゅっかい》（＝不満）」があったからだという（『尚通公記』永正五年七月二十三日条）。ではいったい大内義興は、将軍義稙にどのような不満があったのか。

将軍義稙は、大内義興から突然出された帰国宣言に大いにあわて、使者を大内のもとに派遣したり、朝廷に願って大内に勅使を下してもらうなどして懸命にその帰国の慰留につとめた。これに対して大内義興は一時抵抗したものの、結局彼は、将軍義稙が自分の要求を受けいれてくれたことから帰国を思いとどまったという（『梵恕記』永正五年七月二十七日条）。では大内義興は、なにを将軍義稙に要求したのであろうか。

ある公家の日記によれば、大内義興が周防への帰国を思いとどまったのは、将軍義稙が大内に対して「諸事について意見を申すように」と仰《おお》せられたからだ、とある（『尚通公記』永正五年七月三十日条）。この仰せを聞いた大内義興は納得し、帰国することを思いとどまったというのであり、このことは裏を返せば、このころ大内義興は、諸事について将軍義稙に満足に意見が言えないような状況にあった、ということになろう。大内義興が帰国を言い出したのは、もとより本国たる周防から遠くはなれた京都にいつまでもいたくない、という思いもあったであろうが、このような状況に対する不満が爆発したためでもあった。

とすればここからも、大内義興が最大の功臣であったにもかかわらず、将軍義稙からかならずしも十分に（大内が期待するほどには）厚遇されていなかったことがうかがわれよう。しかし、大内義興が将軍義稙から十分には厚遇されなかったとするならば、それはなぜなのであろうか。

将軍義稙にとって大内義興は最大の功労者であり、したがって大内は、義稙から手厚《てあつ》く遇《ぐう》されて新政権の中心に立ったとしても不思議ではなかった。だが、将軍義稙があまり一人の大名ばかりを厚遇してしまうと、他大名がこれに不満をおぼえ、義稙を支える四大名間で軋轢が生じかねない。実際、そうしたことが起きていた。

たとえば永正五年八月、将軍義稙は、自分を支える四大名のひとりである畠山尚順《ひさのぶ》をとりわけ厚遇し、帰京後最初の大名邸への御成《おなり》先として尚順邸を選んだ。すると、大内義興・細川高国がこれに不満をもち、畠山尚順とのあいだで軋轢が生じる、という事件が起きてしまった（『尚通公記』永正五年八月十二日条。浜口誠至、二〇一四年、第一章）。こうしたことから将軍義稙は、四大名間のバランスをはかるために大内義興をあまり贔屓《ひいき》することはひかえ、その恩賞も、当初は一国ではなく一庄園だけにとどめ、また大内の意見もあまり採用しないようにしたのではないか。

だが大内義興は、これに不満をおぼえ、堺南庄を返上したり、ついには周防への帰国まで言い出すようになってしまった。もし、大内義興が帰国するようなことになれば、「複数の在京大名によって将軍が支えられる」という、将軍義稙にとって理想的な形態がくずれてしまう端緒《たんしょ》になりかねない。そこで義稙は、やや妥協して大内義興に山城国守護の地位をあたえたうえ、諸事について意見を申すようにと言って大内を宥《なだ》めたのであろう。

さてこのように、将軍義稙が自分を支える四大名間のバランスを保つべく心を砕いていたことをうかがわせる事例は、ほかにもある。たとえば永正八年十一月、この直前に起きた船岡山《ふなおかやま》の戦い（後述）

での勝利を祝うため、将軍御所において義稙を支える細川・大内・畠山・能登畠山氏という在京四大名たちが主催する猿楽《さるがく》の宴がもよおされた。興味深いのはこの猿楽の宴が、細川と大内の共催でまず一回開かれ、その三日後に第二回目の猿楽の宴が、今度は畠山と能登畠山という畠山一族の主催によって開催されていたことである（『尚通公記』永正八年十一月十四・十七日条）。

つまり細川と大内は、畠山一族よりも先に猿楽の宴を主催したのであるが、彼らは共催であったのに対し、畠山一族のほうは細川・大内より後に主催することになったものの、畠山一族として単独で主催する、ということになったわけであった。ここでは、細川・大内・畠山・能登畠山氏という四大名のバランスがうまくはかられているのであり、この猿楽が将軍御所でなされたものであったことを考えるならば、そこに、将軍義稙の意思を見てとることは可能であろう。

さて、以上のように帰京後の将軍義稙は、支柱となる大名間において紛争が起きた際にはその調停をにない、また、四大名の誰かひとりを過度に重用することは避け、大名間での勢力バランスが保たれるように調整していった。さらに義稙は、これ以外にもその政治的立場の安定化をはかるべくさまざまな手をうっていったのだが、それはどのような方策であったのだろうか。

将軍義稙は天皇に対していかなる態度をとったのか

そのひとつは、かつて自分を裏切った伊勢《いせ》貞宗《さだむね》の赦免であった。

永正五年に義稙が将軍に復帰したとき、かつて「明応の政変」で義稙を失脚させることに尽力した伊勢貞宗は、まだ存命していた。彼は明応の政変後、新将軍となった足利義澄《よしずみ》の側近となり、義澄が「自分は今若年なので、政務は伊勢貞宗に委《ゆだ》ねている」とまでいうほどにその政務に深く関与した（↓90頁）。しかし伊勢貞宗は、これほどまでに義澄から信頼されていたにもかかわらず、永正五年四月に義澄が近江に逃亡した際、義澄に同行せずにそのまま京都にとどまった。そのため伊勢貞宗は、この直後に京都を奪還した将軍義稙によって逮捕され、「明応の政変」の報復として義稙から厳罰に処されたとしても不思議ではなかった。

ところが、京都にもどった将軍義稙は、かつて政敵であった伊勢貞宗を処罰しなかった。それどころか、義澄時代と同様に「将軍のもとに提起されたもろもろの訴訟案件は、貞宗がこれを差配するように」と命じて彼を厚遇した（『実隆公記』永正五年十二月六日条）。このように伊勢貞宗が厚遇された理由のひとつは、将軍義稙を支える四大名のひとりである細川高国が、貞宗を義稙にとりなしたからではないかと思われる。

細川高国は、永正五年に義稙が京都を奪還すると義稙に降伏し、義稙を支える四大名のひとりになっていったが、それ以前は前将軍の足利義澄に近侍し、義澄と親しくしていた。それゆえ彼は、やはり義澄の近臣であった伊勢貞宗とも昵近《じっこん》の関係にあり、義澄が近江に逃亡した際、伊勢貞宗が義澄に同行しなかったのも、実は細川高国が貞宗を説得したからであった（『実隆公記』永正五年四月十六日条）。こうした経緯を考えたならば、伊勢貞宗が将軍義稙に助命され、なおかつ厚遇されるにいたったのも、細川高国が義稙にとりなした結果であった可能性が高いと判断されよう。

ただし、伊勢貞宗が将軍義稙によって厚遇された理由はそれだけではなく、彼が、政所《まんどころ》世襲頭人《とうにん》家伊勢氏の当主という、最有力の将軍直臣であったことも関係していたのではないかと思われる。

伊勢氏は、最有力の将軍直臣として直臣たちに大きな影響力をもっていた。「明応の政変」の際に義稙が多くの直臣たちから即座に見捨てられ、義稙の将軍としての「器量」の有無が問われるような状況におちいってしまったのも（→87頁）、日野富子とともに伊勢氏当主たる貞宗が政変に関与していたからだと考えられる。かつての義稙にとって、日野富子にくわえて伊勢貞宗も敵にまわしてしまったことは大きな失策であった。だからこそ義稙は将軍復帰後、かつての覆轍《ふくてつ》を踏まないように伊勢貞宗との対立は避け、これをむしろ厚遇するにいたったのであろう。

さて、将軍義稙がその政治的立場の安定化をはかるためにとったさらなる方策は、天皇（朝廷）重視策であった。

義稙は、永正五年に将軍に復帰すると朝廷（後柏原《ごかしわばら》天皇）を尊重する姿勢を顕著にみせていった。たとえば永正六年六月に義稙は、近臣たちによる犬追物《いぬおうもの》（＝犬を使った武士の騎射訓練）が後柏原天皇の御所近くで実施される予定であることを知ると、その騒ぎが天皇を悩ますことを心配していろいろ配慮し、天皇から「慇懃《いんぎん》のお申しは神妙である」と感心された（『実隆公記』永正六年六月一日条）。また永正六年八月、ある寺の修造費用を集めるために勧進猿楽《かんじんさるがく》の催《もよお》しが天皇の御所近くで開催されることになると、やはり義稙は、この騒ぎが天皇を悩ますのではないかと心配し、猿楽を中止する指示を下している（『実隆公記』永正六年八月二十五日条）。

戦国時代における天皇の御所　米沢市上杉博物館蔵

さらに永正六年六月に義稙は、三代将軍義満以来絶えて久しかった将軍自身による禁裏《きんり》小番《こばん》（＝天皇御所に出仕して宿《しゅく》直《ちょく》する仕事）を復活させた。そして彼は、六月十日に禁裏小番をつとめるために後柏原天皇の御所に参上し、そのまま就寝せずに夜明けまで御所で過ごして宿直の仕事に精勤した。この義稙の奉仕の姿勢に天皇は、「叡慮《えいりょ》（＝天皇の意向）は快《かい》然《ぜん》」と大いに喜んだという（『実隆公記』永正六年六月十日〜十三日条）。

また、醍醐寺《だいごじ》（京都）の三宝院《さんぼういん》住持は将軍の猶子《ゆうし》（＝形式的な養子）になることが慣例であったが、永正八年四月に前関白九条政基《まさもと》の子息が住持になるべく三宝院に入寺した際、義稙は、この九条の子息を猶子にすることをためらった。それは、九条政基がかつて先帝の後土御門《ごつちみかど》天皇（後柏原天皇の父）の怒りにふれて処罰されたことがあったからであり、そこで義稙は、猶子の件の是非《ぜひ》を後柏原天皇にうかがうなどして天皇への気づかいをみせた（『実隆公記』永正八年四月二十七日条）。

将軍義稙の花押

さらに永正十二年三月、義稙は、後柏原天皇の領地について天皇から「義稙の花押《かおう》（＝サイン）が記された公文書を下すように」と求められた際も、最初はこれに難色を示したが、結局は「叡慮においては是非におよばず（＝天皇の御意思ゆえやむをえない）」としてこれを承諾している（『守光公記』永正十二年三月十二日条ほか）。また義稙は、天皇のために即位式の挙行に協力する姿勢もみせており、結局即位式は義稙の将軍在位中は実施されなかったものの、彼は、しばしば即位式のための費用を天皇に献じた（『実隆公記』永正七年三月二十九日、永正十七年六月二十日・十月六日条ほか）。

このように将軍義稙は、後柏原天皇に気をつかってその意向を尊重していた。もっとも義稙は、天皇に苦言を呈《てい》したり、ときには天皇と対立することもあった。

たとえば永正七年四月、中院通世《なかのいんみちよ》という公家が京都から加賀国（石川県）に在国したまま天皇に一度も出仕してこないにもかかわらず、天皇が、「中院家の所領を保護するように」と義稙に求めてきたことがあった。これに対して義稙は、「天皇の仰《おお》せである以上はやむをえない」と承諾したものの、天皇に対して次のような苦言を呈したという。

すなわち、「中院通世のように地方に在国したままの公家は、本来は処罰すべきなのだ。それなのにそうせず、逆に保護をあたえようとする天皇の行為は理解しがたい。このようなことをしていれば、公家たちは勝手に地方に在国してもよい、ということになってしまい、もしそうなれば誰が天皇のもとに参上して奉公しようか。京都にとどまって天皇に奉公している忠節の者と、そうでない者とはきちんと賞罰を区別しなければならない。天皇が在国している公家たちまでにも憐《あわれ》みの心をもつのは立派だが、この措置はあまりにも深慮がないというべきだ」というのであり、ここからは義稙の考え方がうかがわれて興味深い。ちなみに、この義稙の苦言には公家衆随一の碩学《せきがく》たる三条西実隆《さんじょうにしさねたか》も「もっともだ」と感心している(『実隆公記』永正七年四月十七日条)。

このように将軍義稙は、後柏原天皇と時には対立することもあったが、おおむね天皇とは良好な関係を保っており、天皇・朝廷を尊重する姿勢をみせていた。義稙が最初に将軍になったときにはあまりこうした姿勢はみられなかったから、天皇尊重の姿勢は、将軍復帰後における義稙の行動の特徴のひとつといってもいいかもしれない。

しかしなぜ将軍義稙は、天皇を尊重する姿勢をみせていたのであろうか。

将軍義稙はなぜ天皇との関係を重視したのか

いうまでもなく天皇は、足利将軍家に「征夷大将軍」の官位を授けてくれる存在であり、だから将軍義稙は天皇を尊重する姿勢をみせた、という説明の仕方はいちおうは成り立ちうるが、ことはそう簡単ではない。というのは、足利将軍家の全国支配がゆるぎないものになっていた室町時代の半ばくらいになってくると、もはや足利将軍家にとって、天皇からわざわざ征夷大将軍に任じられなくても、それによって特段の支障が生じなくなっていたからにほかならない。

たとえば八代将軍足利義政は、嘉吉三年（一四四三）に兄である七代将軍義勝の急死によって八歳で足利将軍家の当主となったが、征夷大将軍に任官したのは元服を果たした十四歳のときであった。したがって、義政が八歳から十四歳までの六年間は、征夷大将軍の任官者が不在であったわけであるが、これによって政治的混乱が生じたとか、将軍家当主としての義政の正統性が問われる、などといったことは一切なかった。たとえ天皇から征夷大将軍に任じられていなくても、多くの大名などから足利将軍家当主と認められれば、その人物は事実上「将軍」となったのであり、そして、天皇から征夷大将軍に任じられていなくても、大名などから将軍家当主として支持されることは十分可能であった。

こういった状況は、戦国時代でも基本的には変わらない。

たとえば、戦国時代ではしばしば征夷大将軍に任官した足利某のみならず、征夷大将軍に任官していない足利某までもが、大名たちから支持されてそれなりの勢威をもっていれば、人びとから「将軍（室町殿・公方《くぼう》・大樹《たいじゅ》）」などと呼ばれ、前者と同じかこれに準じた存在として社会的に遇《ぐう》されていた（たとえば、第十二代将軍義晴の兄弟であった足利義維《よしつな》は、征夷大将軍に任官しなかったにもかかわらず、彼の支持者などから「室町殿」「大樹」などと呼ばれた）。また、将軍近臣のあいだでは将軍の治世の期間を計算する際に、「征夷大将軍に任官した日」からではなく、将軍が多くの大名たちに支持されて事実上「将軍」として君臨するようになった日から計算する、といったこともあった（『蜷川家文書』五九九号）。

もっとも、その一方で戦国時代には、「同じ足利といっても、やはり征夷大将軍に任官している足利は、任官していない足利とは異なっている」という認識も、実はたしかに存在していた。たとえば、延徳二年（一四九〇）正月に八代将軍義政が死去した際、公家たちは、その死を悼《いた》んで三か月にわたって歌舞音曲《かぶおんぎょく》を自粛した。ところが、翌年正月に義政の弟である足利義視《よしみ》が亡くなっても、公家たちは、義視が当時将軍であった義稙の実父であったにもかかわらず、歌舞音曲を自粛しなかった。それは、「将軍拝任《はいにん》の仁《じん》に非《あら》ざる間、かくのごとし」、つまり義視が征夷大将軍に任官した者ではなかったからであり、そのような者の死去では自粛は必要ない、と考えられたためであった（『後法興院記』延徳三年二月十日条）。

またこの足利義視は、前に述べたように応仁・文明の乱の際に西軍の総大将に迎えられ、西軍における事実上の「将軍」として、征夷大将軍に任官していた兄の八代将軍義政と同様にさまざまな命令を下し、さらに臨済宗五山派《ござん》（↓36頁）に属する禅寺の住持任命状などをさかんに発行した。

しかし応仁・文明の乱後、五山派の高僧たちは、征夷大将軍に任官していない義視から出されたこの住持任命状を「正式なものではない」とみなした。そして彼らは、その後将軍義稙から「父義視が応仁・文明の乱の最中に発行した住持任命状を、正式なものとしてあつかえ」と求められても、かたくなにこれを拒否した。すなわち五山派の高僧たちは、「応仁・文明の乱の最中に義視が出した住持任命状によって任命された住持は、いわば『偽官』であり、このようなものを正式なものとして認めることは『まさに偽官をもって真官に準じる』ようなものだ」とまで言いはなち、断固拒否の姿勢をつらぬいたのであった（『蔭凉軒日録』延徳二年十二月十五日条ほか）。

また次のような事例もある。すなわち、義稙が「明応の政変」で失脚し、征夷大将軍も解任されて越中国（富山県）に滞在していたころ、加賀国（石川県）にある伝灯寺《でんとうじ》という禅寺が、義稙から「十刹《じっさつ》」という寺格をあたえられ、このことを示す義稙の花押《かおう》の記された公文書をもらった。

ところがこの伝灯寺は、その後義稙が永正五年（一五〇八）七月に京都を奪還してふたたび征夷大将軍に任官すると、かつて越中で義稙からもらった公文書を義稙に返却してきた。そして、そのかわりに「在位の時の御判《ごはん》」（＝征夷大将軍に在位した今の義稙の花押が記された文書）をもらいたい、と義稙に願い出てこれを許されたというのであり、このエピソードは、その後五山派の高僧たちや将軍関係者のあいだで先例としてあつかわれている（『鹿苑日録』天文五年四月十七日条）。

さて、以上のような事例からは、「同じ足利といっても、征夷大将軍に任官している足利とそうでない足利とではやはり異なっており、任官している足利のほうが正統・優位にある」という認識のあったことがうかがわれよう。そしてこのような認識があったからこそ、将軍義稙は、天皇を尊重する姿勢をみせていたのではなかろうか。

そもそも、京都を奪還した将軍義稙にとって最大の政敵は、前将軍の足利義澄であった。それゆえ義稙としては、この義澄に対抗し、自分こそが「正統」な将軍＝足利将軍家当主であることを内外に示していかなくてはならなかった。だが、義澄もまた同じ足利の血を引いている以上、彼との差別化をはかるといってもそれは容易なことではない（義稙も義澄も、どちらも六代将軍義教《よしのり》の孫で、七代将軍義勝・八代将軍義政の甥であり、九代将軍義尚《よしひさ》の従兄弟にあたる。したがって、血統からではどちらが「正嫡」

かはなかなか判断しにくかった)。

ところが右にみてきたように、公家衆や五山派の禅僧たちを中心に戦国社会では、「同じ足利といっても、征夷大将軍に任官している足利のほうが正統・優位にある」という認識が存在していた。さすれば、将軍義稙が征夷大将軍を任ずる資格のある天皇を尊重し、これと良好な関係を築きあげ、自分とその子孫だけで征夷大将軍を独占することができれば、義稙が義澄より「正統」であることを社会に主張しうる根拠のひとつになろう。

つまり、「征夷大将軍」という官位は「義稙が、ライバルの義澄とは別格の、正統・優位な存在なのだ」ということを主張するためのツールになりえたわけであり、だからこそ義稙は、天皇を尊重し、天皇と良好な関係を保とうとしていたのではなかろうか(山田康弘、二〇一一・二〇一二年)。

第二章　義稙はいかにして政治を安定させたのか

将軍義稙は刺客からどう逃れたのか

永正五年（一五〇八）六月に京都に復帰した将軍義稙は、自身の支柱となる細川高国・大内義興《よしおき》・畠山尚順《ひさのぶ》・能登畠山義元の在京四大名とのあいだをうまく調整することなどによって政治の安定化をはかった。すなわち、①大名間で紛争が起きると、これを調停して大事にいたらないようにし、②四大名の誰かひとりを過度に重用することは避け、大名間で勢力バランスが維持されるようにしたのであり、そのうえ、③将軍直臣らに影響力をもつ伊勢氏を赦免することでみずからの基盤をかため、④征夷大将軍を授与する資格をもつ天皇と良好な関係を築くことによって、同じ足利の血を引く政敵、前将軍義澄との「差別化」をはかろうとした。

これらの努力の成果は、意外に早く試されることになった。それは、細川澄元《すみもと》が京都に攻めこんできたからにほかならない。

先にも述べたようにこの細川澄元は、細川一門の惣領《そうりょう》をめぐってライバルの細川高国にやぶれ、永正五年四月に京都を去って近江国甲賀《こうか》に逃れていた（↓137頁）。一方、ちょうどこのころ前将軍の足利義澄も、また京都から近江国岡山城に身を引いていた（↓139頁）。そこで細川澄元は、この前将軍義澄と連携して京都奪還の準備をすすめ、ついに永正六年五月、重臣の三好之長《みよしゆきなが》に命じて軍勢を近江から京都に進撃させたのだ。この結果、三好之長に率いられた細川澄元軍はたちまち京都にせまり、六月中旬には京都近郊の如意《にょい》ヶ嶽《がたけ》（京都市左京区）に達したという。

これを知った将軍義稙は、ただちに細川澄元軍を討つことを決断した。

この決断を受けて義稙軍は続々と参集し、細川澄元軍が陣する如意ヶ嶽を即座に包囲した。義稙軍の主力は将軍義稙を支える細川（高国）・大内・畠山らであり、彼らは、義稙による調整の甲斐もあって団結を保ち、実に二～三万もの大軍をくり出して三千人ほどであった細川澄元軍を圧倒した。それゆえ澄元軍はたちまち戦意を喪失し、澄元軍の兵たちは一戦もまじえることなく六月十七日の夜半、おりからの暴風雨にまぎれて近江に逃げ帰った。このとき澄元軍は、弓矢や具足《ぐそく》・鑓《やり》などをことごとく置き捨てて逃げ帰ったというから、

写真上：前将軍義澄が拠点とした岡山城跡　滋賀県近江八幡市
写真下：岡山城跡の碑

いかにあわてていたかが知られよう（『実隆公記』永正六年六月十七日条、『拾芥記』同日条）。まさに将軍義稙方の圧勝であった。

なお、この大敗を知った細川澄元は、近江国甲賀を拠点にしていては勝利は遠いと判断し、連携する前将軍義澄に断わったうえで、永正六年閏八月に甲賀を去って実家である阿波《あわ》細川氏の本拠地阿波国（徳島県）にもどった。細川澄元にとって、阿波にもどることは畿内からの後退を意味したから、これは苦渋の決断であったといえよう（『大分県史料』二十六所収「柳河大友家文書」四五八号ほか）。

さてこうして将軍義稙は、最初の危機を脱した。ところがこの直後、将軍義稙やその支持者たちを驚愕《きょうがく》させる大事件が起こった。義稙が、就寝中に賊に襲われて暗殺されかかったのだ。

それは、永正六年十月二十六日に起きた。その日の午前一時ごろ、将軍義稙の住まう御所（一条室町の吉良邸）に二名の賊が警備のすきをついてひそかに侵入し、寝所にいた義稙を襲った。義稙に仕《つか》える同朋衆《どうぼうしゅう》（＝僧形の下級従者）のひとりが賊どもを手引きしたという。しかし襲われた義稙は、あわてることなくたったひとりで賊どもに立ち向かい、体に七～八か所の傷を受けながらも賊どもを見事に追いはらった（『実隆公記』永正六年十月二十六日条ほか）。

『不問物語』（下巻・八〇頁）という軍記物には次のようにある。その日は、将軍御所で酒宴がひらかれ、したたか酔った義稙が寝所でまどろんでいたところ、人の気配がした。「誰か」と誰何《すいか》しても返事がなかったことから変事を悟った義稙は、急いで起きあがって刀を抜き、襲いかかってくる賊どもと斬りあったという。義稙は、かぶっていた立烏帽子《たてえぼし》や服などをズタズタに斬り裂かれながらも賊たちの凶刃をうまく受け流し、そばに立てかけてあった長刀《なぎなた》まで使って防戦につとめた。それゆえ賊どもは手こずり、義稙が明かりを消したので闇のなかで方角をうしなった賊どもは、義稙の立烏帽子が落ちたのを「義稙の首を落とした」と勘違いし、義稙を仕留めることなく現場から立ち去ったという。

一般に「剣豪将軍」というと十三代将軍足利義輝《よしてる》が著名であるが、不意をつかれながらも落ち着いて賊に立ち向かった将軍義稙も、なかなか見事というほかない。彼は、乗馬にもなみなみならぬ関心をもっていたらしいから（『御随身三上記』）、武術全般にわたって造詣《ぞうけい》が深かったのかもしれない。

それにしても、義稙とはなんと「危難にあいやすい人」なのであろうか。「明応の政変」では将軍の身でありながら縄目の恥辱を受け、監禁先では毒殺されかかり、その後嵐が吹き荒れる真夜中に監禁先を脱走し、十年以上にもわたって各地を転々とした。そしてようやく京都にもどった途端、今度は暗殺未遂に遭遇したのであった。いかに戦国時代とはいえ、義稙ほど危難にあう著名人も珍しい。

さて、将軍義稙に刺客《しかく》を放ったのは近江にいる前将軍足利義澄とその一派とされたことから、義稙の周辺では、ただちに報復が議されることになった。

そして、将軍義稙を支える四大名のひとりである細川高国が義澄征伐を担当することになり、永正七年二月十六日に高国軍約二万人が、高国の近臣と思われる雲龍軒《うんりゅうけん》（等阿弥《とうあみ》）なる者らに率いられて京都を出陣した。この軍勢は、その後大津・坂本を経たうえ二月二十日には琵琶湖をわたり、前将軍義澄が本拠とする近江国岡山城（滋賀県近江八幡市）からほど近い守山《もりやま》（滋賀県守山市）にいたった。

ところが、近江国内の有力武士たちが前将軍義澄に味方して襲いかかってきたことから、細川高国軍は、二月二十一日に京都への退路を断たれてたちまち総崩れになり、雲龍軒も討ち死にしてしまった。この結果、細川高国は戦いの中止を余儀なくされ、これを恥じた高国は、出家を決意するも将軍義稙にとめられたという(『大分県史料』二十六所収「柳河大友家文書」四五八号、『拾芥記』永正七年三月五日条ほか)。

細川高国がかくも無残な敗北を喫《きっ》してしまったのは、彼が、細川一門の惣領になってまだ日が浅く、一門を完全には掌握しきれていなかったことや、細川政元の死以来つづいた一門の内紛で多くの宿将たちが討ち死にし、細川一門の軍事力が低下していたことなどがその要因としてあげられよう。しかしこれ以外にも、大内義興の協力がなかったことも敗因のひとつだったと思われる。大内勢は、この戦いでは細川高国軍に参加していなかった。それゆえ高国宣を撃退した前将軍義澄らは、ついでに大内勢を倒すことができず、「今度、大内衆は一人も立たれず候。近ごろ無念《むねん》の次第」と悔しがっている(『大分県史料』二十六所収「柳河大友家文書」四五八号)。

ではなぜ大内勢は、細川高国に協力しなかったのであろうか。大内義興と細川高国は、この戦い以降も協調しあっており、たがいの邸宅を頻繁に訪問しあうなどして良好な関係を維持していた。したがってこの二人が仲違いしたというわけではなかった。とすると大内勢が協力しなかったのは、細川高国が大内の協力を謝絶したからだと思われる。ではそうだとすると、それはなぜなのか。

細川高国は、細川一門の惣領であったものの、持之《もちゆき》―勝元―政元とつづいてきた惣領家出身ではなく、しかもこの二年前に惣領になったばかりであった。そのような高国にとって、惣領として一門の面々を心服させてこれを率いていくためには、みずからの「武威《ぶい》」を示し、これによって自分が惣領としてふさわしい軍事的・政治的力量を有していることを内外に証明していかなくてはならなかったと思われる（↓69頁）。そこで高国は、この近江征伐を大内義興らの外部勢力の力を借りず、自分とその近臣（雲龍軒ら）だけで進めようとしたのではあるまいか。

だが、結局このもくろみは、高国軍の大敗によって失敗してしまった。これ以降の細川高国は、十分な軍事的成功をなかなか手にできず、ライバルの細川澄元《すみもと》らとの戦いでしばしば敗北を重ねてしまうのだが、これは、惣領就任直後の段階で武威を十分に示すことに失敗したことが影響していたのかもしれない。

さて、細川高国軍を打ちやぶった前将軍義澄らは大いに士気があがり、彼らは、将軍義稙らに対して一大反攻を敢行《かんこう》すべく準備をはじめた。ここにいたり、将軍義稙と前将軍義澄とのあいだで雌雄《しゆう》を決した「船岡山《ふなおかやま》の戦い」が開始されることになる。

では、この戦いはどのように推移していったのであろうか。

将軍義稙は船岡山でいかにして勝利したのか

永正五年（一五〇八）四月以来、近江岡山城にあった前将軍義澄は、宿敵の義稙を倒して京都奪還をはかるべく、さまざまな手をうっていた。

たとえば、大内氏とライバル関係にあった豊後国の有力大名大友氏に命じ、大内氏の本国である周防国などを西から攻めさせようとはかった（『大分県史料』二十六所収「柳河大友家文書」四一〇号ほか）。大内氏の当主である大内義興は、将軍義稙を支えるべく京都に滞在していたから、周防などがもし大友勢の侵攻にあったとしても自身でこれに即応することはできない。このことは大内義興にとって大きな弱点であり、そしてそれは、とりもなおさず大内義興を支柱のひとつとする将軍義稙の弱点でもあった。そこで義澄は、この点をつこうとしたわけである。なかなか巧妙といえよう。

また、『重編応仁記』という軍記物には、次のような記載がある。

このころ義澄には、義維《よしつな》と義晴《よしはる》という二人の幼い男子があった。そこで義澄は、最大の支援者であった阿波の細川澄元のもとに義維をつかわすことで澄元をますます味方にし、また、播磨国《はりま》（兵庫県西部）を中心に中国地方に大きな勢威をもっていた赤松氏《あかまつ》（赤松義村《よしむら》）を味方につけるため、同氏のもとには義晴をつかわしてこれを養育させたという。軍記物の記述なので、これがどこまで真実なのか判然としないが、義維が阿波の細川澄元のもとに、そして義晴が播磨の赤松義村のもとにつかわされて養育された、ということは事実である。また、この細川澄元と赤松義村が、たがいに連携しあいながら基本的には反義稙の姿勢をつらぬいていたこともまた事実であった。さすれば、『重編応仁記』の記述が正しいとするならば、義澄は、二子を使って二人の有力大名を味方に引き込むための的確な布石《ふせき》を打った、ということになろう。

さて、こうした前将軍義澄の動きに連動して義澄を支持する細川澄元も、京都奪還をはかるべく、永正八年六月下旬に阿波でふたたび挙兵した。これを受けて細川澄元軍は、続々と四国から瀬戸内海を渡り、そして途中で播磨の赤松勢をも味方につけながら、ライバルである細川高国の領国、摂津国（兵庫県東部）などを侵《おか》していった。一方これに対して細川高国も、ただちに大兵を摂津方面に派遣して防戦にあたらせた。だが、高国軍は今回もまた苦戦し、八月上旬に高国軍はついに総崩れとなって京都に敗走してしまった。細川高国は、今度もまた敗れたのであった（『実隆公記』永正八年八月十一日条ほか）。

そのため、京都は大混乱におちいった。

将軍義稙は、この一か月前には天皇に事態収拾への自信をみせていた。しかし細川高国が大敗し、河内（大阪府東部）方面でも支柱大名のひとりである畠山尚順《ひさのぶ》が細川澄元派に敗北するなど、形勢は急速に悪化した。それゆえ義稙は、やむなく自身の居所（吉良邸）に火を放ったうえ、一戦もおよぶことなく細川高国・大内義興・能登畠山義元ら支柱大名に守られながら京都を脱出した。これは永正八年八月十六日のことであり、その後義稙は、細川高国の領国のひとつである丹波国の神吉《かみよし》（京都府南丹市）というところに退いたという（『尚通公記』永正八年八月十六日条ほか）。

この結果、細川澄元軍の先発隊が京都に入城し、澄元の諸将たちは、彼らが推戴《すいたい》する前将軍の足利義澄を近江から京都にむかえて新政権を樹立せんとはかった。もはや足利義澄が将軍に返り咲き、将軍義稙がふたたび没落の憂き目にあうかのような状況であった。

ところがこの直後に将軍義稙は、にわかに反撃に転じた。

将軍義稙は、細川（高国）・大内・畠山の軍勢を率いつつ、永正八年八月二十二日に丹波国神吉を立って二十三日には高雄（京都市右京区）にいたる、といった具合に京都に向かって猛然と進撃した。この二十三日の京都北方の山々には、姿をあらわした義稙率いる大軍勢の旌旗《せいき》・剣芒《けんぼう》が、日に映《は》えて輝《かがや》き、狼烟《ろうえん》が天に聳《そび》えたという。そして八月二十四日に義稙軍はついに京都に突入し、細川澄元軍と京都北部の船岡山《ふなおかやま》という小高い丘で激突した。

このときの戦いで奮戦したのが、将軍義稙軍の一角を占めていた大内義興以下の大内勢であった。大内勢の働きによって、船岡山に陣取っていた細川澄元軍の主力はたちまち壊滅させられたという。大内勢の本国周防国は京都から遠く、それゆえ大内勢は大敗してしまうともはや逃げ場がなかったから、ここで奮戦せざるをえなかったにちがいない（以上、『実隆公記』永正八年八月二十三・二十四日条、『御随身三上記』永正九年八月条ほか）。

この結果、戦いは将軍義稙側の大勝利に終わった（この戦いを「船岡山の戦い」という）。細川澄元軍は、多数の有力部将をうしなって西方に潰走《かいそう》していった。澄元側の戦死者は、なんと三千人とも五千人ともいわれる。澄元側の完敗であった。しかもこの前後に澄元は、大きな不運に見舞われてしまった。

まず、澄元が推戴していた前将軍義澄が、船岡山の戦いの直前にあたる永正八年八月中旬に三十二歳の若さで急死してしまった（『実隆公記』永正八年八月二十五日条ほか）。そのうえ船岡山の敗戦直後の九月十二日には、細川澄元の祖父であり、まだ若い澄元（当時二十三歳）にとっては重要な後ろ盾であったと思われる阿波細川氏の先々代当主、細川成之《しげゆき》が病没してしまった（『大日本史料』永正八年九月十二日条）。こうして細川澄元は、船岡山での大敗にくわえ、前将軍義澄と細川成之という重要な二人の人物を立てつづけにうしなったわけであり、それゆえ彼は、しばらくは再起できずに雌伏を余儀なくされていく。

さて、船岡山での大勝を知った将軍義稙は、本営としていた高雄尾崎坊から京都に向かい、永正八年九月一日に入京して二条西洞院《にじょうにしのとういん》の妙本寺《みょうほんじ》に入った（『実隆公記』永正八年九月一日条）。こうして義稙は、わずか二週間で京都を奪還した。この勝因も、義稙が自身の支柱とする細川高国・大内義興・畠山尚順・能登畠山義元の四大名間をうまく調整し、協力しうる体制をととのえていたことにあったといってよかろう。

ところがこの直後に、将軍義稙は奇妙な行動に打って出る。突然、京都から出奔してしまったのだ。いったい、なにがあったのであろうか……。

船岡山の頂上　同山は標高約112メートルの小山である　京都市

船岡山の勝利後になにが起こっていたのか

右に述べてきたように、前将軍足利義澄を支持する細川澄元は、永正八年（一五一一）八月における「船岡山の戦い」で大敗したうえ、その直前後に義澄と祖父の細川成之を立てつづけにうしない、大打撃を受けた。

これをみた将軍義稙は、好機到来とばかりにただちに細川澄

京都の二条通と西洞院通の交差点　この辺りに「船岡山の戦い」での勝利後に将軍義稙が仮御所とした妙本寺があった　京都市

元周辺に対する切りくずし工作をすすめた。すなわち義稙は、まずは細川澄元と同盟関係にあった中国地方の有力大名、赤《あか》松《まつ》義村《よしむら》を説得し、ついに永正九年八月に赤松を自分のもとに臣従させることに成功した（『御随身三上記』永正九年八月二十八・二十九日条）。この赤松義村は、これまで細川澄元とともに前将軍義澄のほうを支持しており、また、義澄からその子息の一人、足利義晴《よしはる》の養育を託されていたほどの大物であった。したがってこの赤松を臣従させたことは、将軍義稙にとって大きな政治的成果であったといえる。

　そのうえ、この半年後の永正十年二月に将軍義稙は、赤松義村のもとにあった足利義晴（当時三歳）やその近臣たちと和することにも成功した（『伊勢貞助記』永正十年二月十四日条）。この結果義稙は、（いまだ細川澄元が敵対していたものの）「明応の政変」以来二十年以上にもわたって悩まされてきた、前将軍義澄およびその与党（足利義晴や赤松義村ら）との戦いにいちおうの決着をつけ、その政治的立場は格段に安定していく。彼は、ようやく全盛期を迎えつつあったといえよう。

　ところが、そうした最中の永正十年三月十八日夜、将軍義稙は、なぜか突然わずかな供だけを連れて京都から姿を消し、近江国甲賀《こうか》（滋賀県甲賀市）に出奔してしまった。

この出奔事件を伝える当時の記録によれば、「将軍義稙は、自分を支える細川高国や大内義興といった大名たちに不満があったことから出奔におよんだのだ」などとある（『尚通公記』永正十年三月十八日条ほか）。どうやら「船岡山の戦い」後、義稙と細川や大内といった支柱大名たちとのあいだでは、軋轢《あつれき》が生じていたようであった。しかし、これまで比較的よく団結をたもっていた義稙とこれを支える支柱大名たちのあいだで、なぜこのような軋轢が突如として噴出するにいたったのか。

これは、将軍義稙とこれを支える大名たちにとって「共通の敵」であった、前将軍義澄・細川澄元らの一派の没落という事態が関係していたように思われる。そもそも「共通の敵」の没落は、団結力の低下を招きやすい。これまでも何度かふれてきたように、「共通の敵」に対する憎悪感は味方の集団を早く団結させ、一方そうした「共通の敵」がなくなれば、この団結力は低下し、集団内で軋轢が生じやすくなる（→25頁）。さすれば、「船岡山の戦い」直後から義稙とこれを支える大名たちとのあいだで軋轢が生じていったのも、彼らにとって「共通の敵」であった細川澄元らがこの戦いで没落し、それによって緊張感がうしなわれて団結力が低下していったことに、その一因があった可能性は高いといえよう。

もとより、こうした「共通の敵の没落にともなう団結力の低下」という事態に対し、将軍義稙も手を拱《こまね》いていたわけではなかった。たとえば「船岡山の戦い」に勝利した後に義稙は、大名たちとの団結力の再生をはかろうと、細川高国や大内義興、能登畠山義元といった支柱大名たちをしたがえて石清水八幡宮《いわしみずはちまんぐう》へ参詣に出かけたり、細川や能登畠山の邸宅をあいついで訪問し、これによって彼らとの親睦を深め、団結力が再生されるようつとめていった（『尚通公記』永正九年四月十六・二十日、永正十年二月二十七日条、『御随身三上記』永正九年六月七～十四日条）。

だが、いったん低下した将軍義稙と支柱大名たちとの団結力は、そう簡単には回復されない。とりわけ深刻であったのは、義稙と大内義興との軋轢であった。

永正五年に義稙をともなって周防国から京都にのぼった大内義興は、その後も在京しつづけ、大内の在京期間はこのころ（船岡山の戦いのころ）すでに三年以上にもおよんでいた。それゆえ、大内配下の在京武士たちのあいだでは不満が生じており、たとえば、大内義興にしたがって在京していた安芸国（広島県）や石見国（島根県）の有力武士たちは、あまりにも長い在京にともなう負担に耐えかね、その過半が帰国してしまった（『益田家文書』一九五号ほか）。

そうしたことから「大内義興は、周防に帰国してしまうのではないか」といったことが世間ではしきりに取り沙汰されるようになった。そこで後柏原《ごかしわばら》天皇は、大内勢の帰国によって京都の治安が悪化することを心配し、大内義興の「船岡山の戦い」での奮戦を褒《ほ》めることでその「下向の事、留《とど》め仰《おお》せられ」ようとした（『実隆公記』永正八年九月二十八日条ほか）。その後天皇は、さらに大内義興の願いを受け、「船岡山の戦い」での軍功の賞として武士としては高位である従三位の位を大内にあたえている。これも、大内の帰国をとどめようとする意図からだと考えてよかろう（『公卿補任』永正九年条ほか）。

ところが、このように天皇が大内義興の帰国をとどめようと必死になって動いていたのに対し、将軍義稙は、かならずしもこれに積極的ではなかった。それどころか永正十年二月に義稙は「大内、下国《げこく》すべき由、仰《おお》せられ」てしまい、大内義興に「帰国してもよい」と申し渡してしまった（『尚通公記』同年二月十四日条）。かつて義稙は、大内義興に奉じられて周防から帰京した直後、大内から「帰国したい」と言い出されたことがあった。その際、義稙は大内義興に「諸事について意見を申すように」と述べるなどして、その帰国を必死になって慰留したのだが（↓150頁）、今回義稙は、大内の帰国をあっさりと認めてしまったわけであった。これは、義稙が「船岡山の戦い」の勝利によって自信を深めつつあったことにくわえ、大内義興との軋轢が深刻さを増していたことがその原因であったと考えられよう。

そして、まさにこのような状況にあった永正十年三月、将軍義稙は、突如として近江国甲賀《こうか》に出奔したのであった。いったいなぜ義稙は、このような出奔を決断したのであろうか。

この点を考えるうえで注目されるのは、当時のある公家の日記に、将軍義稙の出奔を知った大名たちが、「およそ今度の儀、御野心《やしん》の子細あり、彼の谷（＝甲賀）に御渡りあるか」と「相存《あいぞん》」じた、とあることだろう（『和長卿記』永正十年三月十九日条）。すなわち大名たちは、義稙の出奔を知って「義稙様には野心（＝野望）があり、だから京都から甲賀にあえて出奔なされたのだ」と考えたというのだ。

では義稙の「野心」とは、いかなるものであったのか。

将軍義稙の「野心」とはなにか

「船岡山の戦い」での大勝利からわずか一年半後に起きた将軍義稙の甲賀出奔は、これまで義稙を支えてきた細川高国、大内義興、畠山尚順《ひさのぶ》、能登畠山義元の四人の文柱大名たちを驚かせた。

そこで彼ら四人は、すぐに京都にある政所頭人《まんどころとうにん》伊勢貞陸《いせさだみち》（伊勢貞宗の子息）の屋敷に集まって善後策を評議した（『伊勢貞助記』永正十年三月十八日条ほか）。その結果、甲賀に出奔してしまった将軍義稙にあらためて忠誠を誓うことでその帰京をはかることに一決し、永正十年四月十二日に四大名たちは、「諸事、御成敗《ごせいはい》に背《そむ》くべからず（＝何事も義稙様の仰《おお》せにしたがいます）」との起請文《きしょうもん》（＝違反した場合、神仏の罰を受けることを記した文書）を甲賀の義稙のもとに送って忠誠を誓い、義稙に帰京するよう乞《こ》うた（『和長卿記』永正十年四月十二日条）。

だが将軍義稙は、なかなか帰京しようとしない。そこで細川高国ら四大名たちは、今度は彼ら自身で義稙を迎えに行くことに一決し、永正十年五月一日にそろって京都を立ち、大津・坂本あたりまで義稙を迎えるべくみずから出向いた。それゆえ義稙もようやく重い腰を上げ、五月三日、約一か月半ぶりに京都にもどった。京都に入る義稙のもとには細川・大内・畠山・能登畠山の四大名たちがみずからつき従い、義稙は、これら四大名以下三万人もの大兵を率い、「竹葦《ちくい》のごとく」群がった大群衆の見守るなかを堂々と京都にもどったという（『尚通公記』永正十年五月一・三日条ほか）。

さて、以上のような将軍義稙による甲賀出奔事件の経緯を整理してみると、この事件が、義稙に大きな利点をもたらしたことに気づかされよう。すなわち義稙は、京都から甲賀に出奔したことによって、軋轢が生じていた大内義興や細川高国ら四大名たちから起請文を提出させ、彼らにあらためて忠誠を誓わせることに成功した（ちなみに大内義興も、帰国をやめて京都で義稙に協力することになった）。また義稙が、四大名たちに自分を迎えに来させせうえ、四大名自身とその麾下《きか》の将兵三万人もの大軍をしたがえて堂々と大群衆の前をパレードして帰京したことによって、「義稙は四大名たちに支持され、彼らをきちんと服属させている。つまり義稙には、将軍としてふさわしい『器量《きりょう》』（→68頁）がある」ということを内外にアピールすることにもなったといえよう。

このように考えてみると、「義稙は、そもそもこれらのことをねらってあえて出奔という挙に出たのではないか」という可能性も浮かびあがってくる。将軍義稙が出奔する前までは「船岡山の戦い」での大勝利にともなう「共通の敵」の没落によって、義稙と大内義興や細川高国らとのあいだでは団結力が低下して軋轢が生じていた。しかし、義稙が出奔したことによってこの団結が、ふたたび確認されたかたちになったわけであった。先にも述べたように大名たちは、義稙の出奔を知って「義稙様には『野心』があり、だから京都から甲賀にあえて出奔なされたのだ」と考えたというが、こうした団結の再確認こそが、義稙が甲賀に出奔することでねらった「野心」であったのではないだろうか。もしそうだとすれば、これは見事に成功したといってよかろう。

しかし、ここでひとつの疑問も出てくる。

将軍義稙が出奔した後に、細川高国や大内義興らが、義稙を見捨てて別の人物を新たに将軍に擁立《ようりつ》してしまう、などという可能性はなかったのであろうか。もし別の人物が擁立されてしまえば、甲賀に出奔した義稙はたちまち危機にひんしよう。義稙は、このような可能性も考慮せずに甲賀へ出奔したのであろうか。

そこで、もし細川や大内ら四大名が別人を新たに将軍に擁立することになった場合、新将軍として擁立しうる人物には誰がいたのか、という点を検討してみよう。この当時、新将軍に擁立しうる人物としては次の二人がいた。ひとりは、前将軍たる故義澄《よしずみ》の遺児で、播磨の大名赤松義村のもとで養育されていた足利義晴《よしはる》である（当時三歳）。先にも述べたように、このころすでに義晴や彼を養育する赤松義村は、将軍義稙や細川・大内ら四大名らと和解していた（→172頁）。それゆえ、もし四大名たちが甲賀に出奔した義稙を廃した場合、この足利義晴を新将軍に擁立することは十分可能であった。

しかし足利義晴は、なんといってもまだ幼児であった。したがって、義晴を四大名たちが新将軍に擁立した場合、将軍としての役割（たとえば、京都内外から寄せられるさまざまな訴えの裁判や、どの大名にどの程度のランクの栄典を授与するか、といった問題の判断など）は、四大名の誰か、または赤松義村が代行する、ということにならざるをえない。だが、「誰が代行するのか」ということは、当然ながら大名間で大きな対立要因になりえたであろうし、将軍には大名たちの「主君」として将軍その人でしかになえない役割もあったから（→15頁）、「将軍の役割を代行する」といっても、それはそう簡単なことではなかった。

さらに四大名たちは、足利義晴を新将軍に擁立した場合、自分たちのあいだで起きた紛争を解決する調停者をうしなう、ということにもなった。かつて将軍義稙は、細川高国と大内義興が被官《ひかん》同士の争いから対立した際、双方を調停して事態の鎮静化をはかったことがあった（→147頁）。しかし、三歳の幼児である足利義晴に、そのような調停役はもとより期待できない。こうしたことを考えたならば、四大名たちが足利義晴を新将軍に擁立することは、そう容易なことではなかったといえよう。

さて、四大名たちが新将軍に擁立しうるもうひとりの人物は、将軍義稙の弟である勝禅院《しょうぜんいん》（照禅院）了玄《りょうげん》であった。ところで、義稙にはどのような弟・妹がいたのであろうか。

別の人物が新将軍に擁立されなかったのはなぜか

将軍義稙には、少なくとも弟が三人いたことが今のところ確認される。彼らについては不明な点も多いのであるが、以下、年齢順に簡単に紹介しよう。

まず義稙のすぐ下の弟は、禅僧になった維山周嘉《いざんしゅうか》であった。

この周嘉は、義稙の異母弟であり、文明七年（一四七五）に生まれた。兄義稙とは九歳違いということになる。彼は延徳二年（一四九〇）七月に、この年の正月に死去した八代将軍義政の「自分の死後は東山山荘を寺にし、足利義視の子息のひとりを入寺させよ」との遺言にしたがい、父義視の命で十六歳で慈照寺《じしょうじ》（東山山荘の後身。いわゆる銀閣寺）の僧侶になって維山周嘉と称した（『蔭凉軒日録』延徳二年正月七日、二月十九日条ほか）。しかし、この周嘉は兄の義稙が失脚した「明応の政変」（一四九三年）までは生存が確認されるものの、それ以降の動向は定かではない。なお、『慈照寺諸記』（東京大学史料編纂所架蔵謄写本）という史料によれば、明応八年十一月に北陸から上洛をはかった兄義稙が坂本で大敗した際（↓119頁）、周嘉は兄にしたがって京都をはなれたとあり、これが事実ならば、彼はこの時点までは生存していたことになる。その後、ほどなくして没したのであろうか。

この周嘉の下の弟は、了玄《りょうげん》といった。

彼は、文明十年（一四七八）に生まれたから、兄義稙とは十二歳違いであった。この年齢差から考えて了玄も義稙の異母弟であろう。なお、了玄が生まれた文明十年当時、父の足利義視は嫡男の義稙とともに美濃に在国していたから、了玄は、美濃で生まれた可能性が高いといえる。さてこの了玄は、最初は禅僧となって耀山周台《ようざんしゅうだい》と名のり、延徳三年（一四九一）四月に十四歳で相国寺《しょうこくじ》（京都）の大《だい》智院《ちいん》に入寺した。しかしその後、彼は明応元年（一四九二）六月に兄義稙の命で真言宗の僧侶に転じ、三宝院門跡《さんぼういんもんぜき》に就任した（以上、『蔭凉軒日録』延徳三年四月二十一日、明応元年六月二十七日条、東京大学史料編纂所架蔵写真帳『五八代記』ほか）。

その後この了玄は、兄の義稙が「明応の政変」によって失脚して越中、次いで周防に下ると兄にしたがって周防に下り、周防時代に三宝院門跡を辞して勝禅院《しょうぜんいん》了玄と号した。その後永正五年に兄義稙が京都を奪還すると、了玄もまた兄とともに帰京したが、それからしばらくして兄と対立したらしく、永正六年十月に京都を出奔する騒ぎを起こしている。その後は帰京し、そして永正十五年（一五一八）正月に四十一歳で死去した（以上、『梵恕記』永正五年五月九日条、『宗典僧正記』永正五年六月八日条、『実隆公記』永正六年十月二十四日条、『五八代記』、『貞敦親王御日記』永正十五年正月二十六日条ほか）。

さて義稙の末弟は義忠《ぎちゅう》であった。

彼は義稙の異母弟であり、文明十一年（一四七九）に生まれた。当時、父の足利義視は美濃に在国していたから、義忠もまた、すぐ上の兄の了玄と同様に美濃で生まれた可能性がある。さてこの義忠は、長じて天台宗の僧となり、延徳三年（一四九一）四月に兄義稙の命令で京都にある天台宗の名刹実相院《じっそういん》に入寺した。その後、義忠は明応二年（一四九三）に起きた「明応の政変」で兄の義稙が失脚した後も京都にとどまり、明応三年に公家第一の名門である近衛《このえ》家（近衛政家《まさいえ》）の猶子《ゆうし》（＝名目上の養子）になった（以上、『後法興院記』延徳三年四月二十六日、明応三年四月二十一日条ほか）。

ところがその後義忠は、前にも述べたように文亀二年（一五〇二）八月に細川政元によって殺されてしまった（→127頁）。これは、このころ細川政元に不信感をいだいていた将軍義澄が「政元は、この義忠を新将軍とし、義忠の兄である前将軍義稙と和睦して自分を追放するのではないか」との疑念をもち、政元に「義忠を殺害せよ」と求めたからにほかならない。この結果、義忠は二十四歳の若さで殺害されてしまった（『後法興院記』文亀二年八月六日条ほか）。

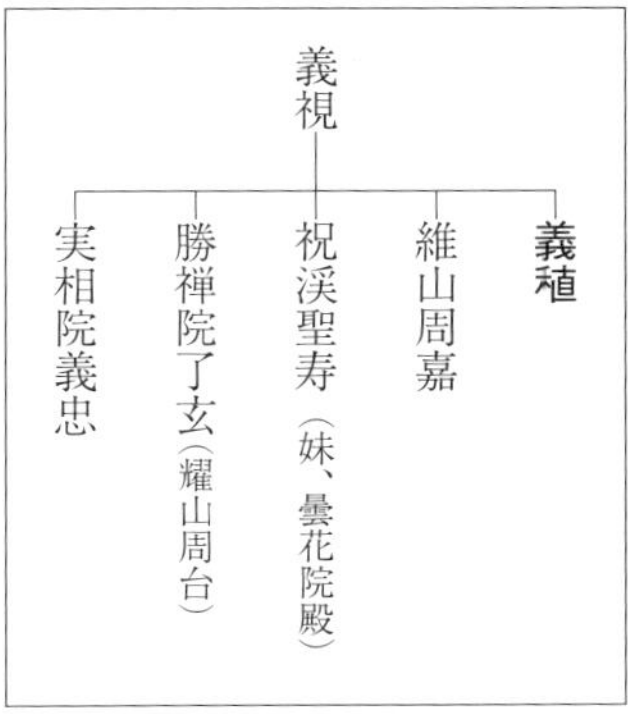

系図４　義稙とその弟妹たち

以上、義稙の三人の弟たちを紹介してきたが、義稙にはほかに少なくともひとりの妹がいた。

彼女は、応仁・文明の乱の最中の文明九年（一四七七）に八代将軍義政・日野富子夫妻の猶子《ゆうし》となり、将軍家とゆかりの深い京都の尼寺である曇花院《どんげいん》（通玄寺《つうげんじ》）に入寺したことから後に「曇花院殿」と称された（↓34頁）。名は、祝渓聖寿《しゅくけいしょうじゅ》という（『大日本史料第八編之四十二』出版報告、『東京大学史料編纂所報』五〇、二〇一五年）。

さて、その後聖寿は、応仁・文明の乱が終結して西軍の総大将であった足利義視・義稙父子が京都から美濃に下向した後も曇花院にとどまり、その後、延徳元年（一四八九）に兄の義稙が十代将軍になるべく父義視とともに美濃から上洛してくると、曇花院をその住まいとして提供した（↓48頁）。その後、「明応の政変」で失脚した兄義稙が京都の幽閉先から越中に脱走した際、聖寿が脱走を手引きしたのではないか、と疑われた。そこで彼女は、自分が猶子になっている日野富子のもとにあわてて逃げこみ、富子の保護を受けている（『晴富宿禰記』明応二年七月八日条ほか）。その後聖寿は、明応七年七月に兄義稙のいる越中に下り、このときはすぐに帰京したようであるが、明応九年には、当時兄が滞在していた周防にまで下ってそのままそこに滞在した（以上、『後法興院記』明応七年七月二十日条、『朽木文書』三三五号、『室町幕府奉行人奉書集成』三九五五号ほか）。

その後、永正五年に義稙が京都を奪還して将軍に復位すると、聖寿も帰京し、この年の末には帰京後はじめて宮中に参内《さんだい》した。また永正十七年五月には、義稙に支持された三好之長《みよしゆきなが》が戦いに敗れて曇花院に逃げこんでくると、聖寿は三好を保護し、敵方が三好の引き渡しを求めてきてもこれを拒否するなど、なかなかの侠気《きょうき》をみせた（この件については後述する）。なお聖寿は、このころ一時兄義稙と仲違いしていたようだが、その後に和解している（以上、『実隆公記』永正五年十二月十五日条、『二水記』

永正十七年五月九日条、『尚通公記』永正十七年六月八日条ほか）。

この聖寿がいつ死没したのかは定かではない。ただ、「光照院《こうしょういん》が、享禄四年（一五三一）二月二十六日に死去した。年齢は五十六歳か。足利義視の息女で、母は阿野《あの》」という記録がある（『実隆公記』享禄四年二月二十九日条）。義視の息女は今のところ聖寿しか確認されていないので、この光照院というのは、聖寿のことかもしれない。

もしそうであるならば、聖寿は、このころ曇花院からやはり将軍家とゆかりの深い尼寺の光照院（京都）に移り、そこで死去したことになる（ちなみに光照院には、かつて四代将軍義持《よしもち》の妹や八代将軍義政の妹が入寺していたことがある）。没年齢から考えて、彼女が生まれたのは文明八年（一四七六）であり、とすれば義稙の次弟である維山周嘉のすぐ下の妹ということになる。母は公家の阿野家出身であり（この女性は、義稙生母日野良子亡きあとに義視の夫人として史料に登場する「二条殿」のことであろうか。『蔭涼軒日録』延徳二年二月十三日、三月六日条ほか）、阿野家は、阿野公熙《きんひろ》が足利義視に近臣として仕え、その子息である阿野季綱《すえつな》も義稙に近臣として仕えるなど、義視・義稙父子とは密接な関係でむすばれていた。そうした縁で、聖寿の母も義視に近侍したのであろう。

さて、以上、ごく簡単ながら将軍義稙の弟・妹たちを紹介してきた。

義稙の三人の弟（維山周嘉《いざんしゅうか》・勝禅院了玄《しょうぜんいんりょうげん》・実相院義忠《じっそういんぎちゅう》）のうち、義稙が甲賀に出奔した永正十年（一五一三）当時、勝禅院了玄は生存していた。したがって、細川高国や大内義興ら四大名らが、甲賀に去った将軍義稙を見捨ててその弟である了玄を新将軍に擁立する可能性はあった。しかし了玄は、永正十年当時すでに三十六歳の壮年であったから、大名たちがこの了玄を新将軍に擁立した場合、彼をコントロールすることは相当な困難がともなったであろうことは想像にかたくない。とすれば、了玄擁立も容易ではなかったといえよう。

また、そもそも将軍義稙を廃して誰か別の人物を新将軍に擁立する、ということは、大内義興や畠山尚順《ひさのぶ》にとっては不利なことであり、したがって大内も畠山も、義稙廃位ということは好まなかったのではないかと思われる。どういうことであろうか。

将軍義稙を支えていた細川高国・大内義興・畠山尚順・能登畠山義元の四大名のうち、畿内において最大の勢威をほこっていたのは細川高国であった。しかし、この高国はもともとは前将軍の足利義《よし》澄《ずみ》に近侍していた人物であり、それゆえ彼は、現将軍たる義稙とのあいだに個人的な親しさはあまり持ちあわせてはいなかった。一方、大内義興は亡命中の義稙を八年間にもわたって保護し、なおかつ義稙とともに上洛を果たしてその京都復帰を実現させた功労者であったから、彼は（このころ将軍義稙と軋轢を引き起こしていたとはいえ）細川高国にくらべれば義稙とのあいだにはるかに濃厚な親密さを持ちあわせていたと思われる。また、畠山尚順も「明応の政変」の際に義稙に殉《じゅん》じた父の畠山政長以来、つねに義稙を支持してきた功臣であったから、この尚順も、義稙とのあいだに個人的な親しさを持ちあわせていたといえよう。

つまり、大内義興や畠山尚順は「将軍義稙との個人的な親しさ」を有していたのであり、このことは、彼らが細川高国に対して優位に立てる数少ない「強み」であった。ところがもし義稙を廃してしまうと、この強みは一挙に失われてしまうことになる。そのようなことは、大内も畠山も承諾できないことであったろうから、彼らが一致して義稙の廃位に突きすすむ、といった可能性はおそらく低かったのではないかと判断される。つまり、義稙が甲賀に出奔しても、それによって彼がただちに四大名たちすべてから見捨てられてしまう、といった状況にはなかったといえるのであり、おそらく義稙はこうしたことを見越して、いわば安心して甲賀に出奔したのではあるまいか。

とはいえ、四大名たちが出奔した将軍義稙を一致して見捨て、了玄なり足利義晴なりを新将軍に擁立してしまう、という可能性がまったくの「ゼロ」であったわけでは無論ない。そして、もし四大名たちがそのような挙動に出れば、義稙は危機におちいろう。

だからこそ義稙は、出奔先として甲賀《こうか》を選んだのではなかろうか。

甲賀は、義稙や四大名らと対立する細川澄元とかかわりの深い場所であった。すなわち、細川澄元は永正四年六月にライバルの細川澄之との政争にやぶれて京都を脱出したが、その際に彼が脱出先に選んだのは、この甲賀であった。また、その後永正五年四月に細川高国との政争にやぶれた際にも、澄元が京都からの脱出先として選んだのは、やはりこの甲賀であった（↓136・137頁）。

このように細川澄元は、京都で政変が起こるたびに甲賀に脱出し、甲賀の有力武士たちを頼ってこの地に潜伏《せんぷく》した。したがって、将軍義稙がこのような甲賀をわざわざ選んで出奔したことは、「もし四大名たちが義稙を廃し、別人を新将軍に擁立するような挙に出たならば、義稙は、彼らの宿敵たる細川澄元のもとに奔《はし》る」ということを四大名らにつよく示唆することになったと思われる。細川澄元は「船岡山の戦い」で一敗地にまみれたが、なお彼は大きな勢威を保っていた。したがって、このような細川澄元と義稙とが連携することになれば、四大名にとって手ごわい敵となることは確実であった。だからこそ四大名らは、義稙が甲賀に出奔したと知るとあわて、あらためて義稙に忠誠を誓い、その帰京を願うことをただちに一決したのではなかろうか。

第三章　義稙は賭けに失敗したのか

将軍義稙はなぜ大和国に侵攻したのか

将軍義稙は、「船岡山の戦い」で勝利し、宿敵である前将軍義澄《よしずみ》やこれを支持する細川澄元を没落させたうえ、これら「共通の敵」の没落によって低下した支柱大名たちとの団結力を、甲賀への出奔という奇策に打って出ることで再生させることにも成功した。義稙が細川高国・大内義興・畠山尚順・能登畠山義元という四人の支柱大名をしたがえ、三万もの大軍を率いて堂々と甲賀から帰京したありさま様は、義稙が将軍としてふさわしい「器量《きりょう》」を有している、ということを内外につよく印象づけたことであろう。

さてこの直後に将軍義稙は、気分を一新するためか、これまで名乗っていた「義尹《よしただ》」から「義稙」という名に改めた（『拾芥記』永正十年十一月九日条ほか）。また彼は、細川高国ら支柱大名たちの支援を受けて新しい御所の造営を開始し、永正十二年（一五一五）十二月に、二年の歳月を経て新御所「三条御所」（「三条万里小路御亭」ともいわれる）を完成させ、ここに移り住んだ（『益田家文書』二六四号）。

この三条御所は、京都の下京《しもぎょう》にあり、北は三条坊門《ぼうもん》、南は姉小路《あねがこうじ》、東は富小路《とみのこうじ》、西は万里小路《までのこうじ》通りに囲まれた地にあったという（『不問物語』下巻・八十六頁）。ちなみにこの地は、かつて二代将軍

京都の富小路通と姉小路通の交差点　このあたりに義稙が建設した壮麗な邸宅「三条御所」があった　京都市

義詮《よしあきら》や四代将軍義持《よしもち》が御所とした、いわば足利将軍家ゆかりの場所であった（なおこの三条御所は、延徳元年四月に美濃から上洛した義稙が、父義視と住んだ三条御所〈通玄寺〉とは別の御所であるが、近くにあった）。この三条御所は、後にこれを見物したある公家が「美麗、驚目《きょうもく》しおわんぬ」（『二水記』大永元年七月十二日条）と驚いているように壮麗な邸宅であり、このような見事な邸宅を完成させたことも、義稙が大名たちに支持され、将軍として十分な「器量」を保持していることを内外に印象づけることになったと思われる。

　さてこうしたなかで将軍義稙は、永正十四年四月に側近の畠山順光《のぶみつ》に命じ、有力武士たちがたがいに抗争をつづけていた大和国（奈良県）に「抗争をしずめるため」と称して侵攻させた。

　畠山順光は、将軍上使となって大内義興の兵とともに大和国に攻め入り、たちまち奈良を制圧した。そのうえで彼は、奈良中に兵粮米《ひょうろうまい》などの諸税を賦課し、また「官符衆徒《かんぷしゅと》」（＝大和国で最大の勢威を誇る興福寺《こうふくじ》の僧兵の代表）の地位まで手に入れようとするなど、その力を興福寺をはじめとする奈良中の大寺社・有力武士たちに存分にみせつけて、五月上旬に京都に凱旋した（『学侶引付写』永正十四年四月十四日〜五月二十九日条ほか）。

しかし、そもそもなぜ将軍義稙は、大和侵攻などを思いたったのであろうか。

これまで述べてきたように、義稙は将軍再任以降、細川高国や大内義興ら支柱大名とのあいだに安定的な関係を構築すべく苦心し、時にはみずから京都を出奔までして大名たちとの団結を維持しようとしてきた。このように義稙が大名たちとの関係に苦心せざるをえなかったのは、彼が大名たちに支えられていたからであり、そしてそれは、そもそも足利将軍家に独自の基盤（強大な軍事力とそれを支える直轄領《ちょっかつりょう》）がとぼしく、それゆえ大名たちに依存せざるをえなかったからにほかならない。したがって義稙にとって、細川や大内といった支柱大名たちとの関係安定化への苦心から解放されたければ、大名たちに対する依存からの脱却をはからねばならず、そしてそれを実現したければ、将軍としての独自の基盤を手に入れることが絶対条件であった。

このように考えてみると、将軍義稙が側近の畠山順光を使って大和国に軍を侵攻させたのは、大名たちへの依存から脱却をはかるべく、大和国を将軍家の独自基盤（直轄領）にしようとする意図にもとづくものであった、との見方も成り立ちえよう。そもそも大和国は、興福寺などの大寺社の勢威がつよく、なかなか一国を統括する強力な大名権力が生まれなかった。つまり、外部勢力が侵攻してあらたな基盤としやすい環境にあったわけであり、そこで義稙はこの大和国に目をつけ、側近の畠山順光に奈良を制圧させることで将軍家の武威《ぶい》を大和一国に大いに誇示し、これによって大和国を将軍家の独自基盤とする第一歩にしようとしたのではないか。

また、将軍義稙が畠山順光を大和国に侵攻させたもうひとつの意図として、独自の人的基盤の育成といったことも考えられよう。

将軍義稙が細川や大内といった大名たちへの依存から脱却していくためには、新たな直轄領の確保だけでなく、人的な基盤――義稙を支え、助言し、そして手足となって働く側近も育成していかなくてはならない。かつて義稙のもとには、そうした側近として葉室光忠《はむろみつただ》という人物が近侍していたが、この光忠は、「明応の政変」の際に細川政元らによって殺害されてしまった。また、将軍に復位した後の義稙のもとには阿野季綱《あのすえつな》が側近として近侍していたが、この季綱も、「船岡山の戦い」直後の永正八年九月に四十一歳の若さで病没してしまった（『実隆公記』永正八年九月十六日条。木下昌規、二〇一四年、第一部第二章）。

そこで将軍義稙は、畠山順光に注目したのではあるまいか。この畠山順光の父は、長いあいだ義稙に近侍して信頼されてきた木阿弥《もくあみ》であり（→97・111頁）、その息子の順光もまた義稙からあつく信頼され、義稙によって「畠山」の名字まで賜った人物であった（『和長卿記』永正五年六月八日条ほか）。そうしたことから義稙は、畠山順光を抜擢し、彼に大和侵攻の指揮をまかせることによって軍功をあげさせ、新たな側近として登用しようとしたのだと思われる。大和国侵攻から一年後の永正十五年三月に、義稙は畠山順光の邸宅を訪問するなど「不慮《ふりょ》の果報《かほう》、不思議」とされるほどの殊遇をあたえており（『二水記』永正十五年三月十七日条ほか）、これも、この畠山順光を新たな側近として登用していこうという、義稙の意図にもとづくものであったと考えてよかろう（萩原大輔、二〇一一年）。

さて、以上のように将軍義稙は、「船岡山の戦い」での勝利以降、直轄領の獲得や独自の人的基盤

（側近）の育成などをはかり、「大名たちに依存しない、独自の領国と人的基盤をもった足利将軍」の実現をめざして動きつつあった。もしこれらのこころみが成功していたならば、義稙は、顕著な業績をあげた将軍としてその名を歴史にとどめたことであろう。

だがこの直後に義稙は、その政治生命をゆるがす重大な危機に直面してしまった。いったい、なにがあったのであろうか。

大内義興の帰国はどのような事態を引き起こしたのか

永正十四年（一五一七）閏十月、このとき五十二歳になっていた将軍義稙は、日ごろから中風《ちゅうぶう》の病に悩まされていたこともあって有馬《ありま》温泉（兵庫県神戸市）に湯治《とうじ》に出かけることを思いたった。しかし、京都からほど近い有馬とはいえ、将軍が京都を留守にするわけであるから、有馬温泉行きが発表されると京都では不穏な噂がひろまり、騒然となった。

そうしたことから後柏原《ごかしわばら》天皇は、義稙に「世上では不穏な雑説《ぞうせつ》が流れているので、有馬行きは延期するように」と勧告した。だが義稙は、「雑説の事、何をと申すことこれ無し（＝雑説などは気にする必要はありません）」とこれを一笑《いっしょう》に付し、予定どおり永正十四年閏十月二日から二十日間にわたる有馬温泉行きを強行した（『守光公記』永正十四年閏十月一・二日条ほか）。

また、同じころ義稙は、細川高国からも有馬行きの際の警備の増強を助言されたが、これも「用心する必要などない」と述べて意に介さなかったという（『走衆故実』）。これらの義稙の言動からは、「船岡山の戦い」で勝利をおさめたうえ、甲賀への出奔によって支柱大名たちをふたたび服属させ、さらに大和国への侵攻も成功させた彼の自信を見てとることができよう。

ところが、将軍義稙が有馬に向けて京都を出発した二日後、大内義興《よしおき》が京都を去って堺《さかい》（大阪府堺市）に下ってしまった。これを知った義稙は、大内義興に帰京するようにと求めた。しかし、大内義興はこれに応じず、翌年の永正十五年八月にはついに本国である周防《すおう》国に帰国してしまった。大内義興が義稙を奉じて上洛したのは永正五年のことであったから、実に十年ぶりの帰国であった（『宣胤卿記』永正十五年正月二十二日条、『厳助往年記』永正十五年八月条ほか）。

では、なぜ大内義興は帰国してしまったのであろうか。

彼は在京中、将軍義稙から信頼を受けた功臣としての立場を使って義稙の政務決裁にしばしば関与し、また義稙と他大名との仲介者となり、たとえば大名たちから義稙に栄典授与の願いなどが出されると、これを取り次いでやったりしていた（今岡典和、二〇〇一年）。こういったことは、大内義興が他大名と誼《よしみ》をつうじ、また大内氏が「別格」であることを内外にアピールしたりするきっかけになったことであろう。さらに大内義興は、在京することで細川高国との親交を深め、これによって日明貿易などでなにかと角逐《かくちく》におよぶことの多かった細川一門と良好な関係を築きあげてもいった。こうしたことを考えれば、大内義興にとって在京し、将軍義稙や細川高国と親交を深めていったことには、それなりに利益があったといえる。

しかし、長期にわたる在京負担は大内氏にとってやはり重いものであり、前にもふれたように、大内義興にしたがって在京していた安芸《あき》や石見《いわみ》の武士たちは、その過半数が帰国してしまう有り様になっていた。また、大内義興が長きにわたって本国をはなれていたこともあって、山陰地方では後に大内氏の強力なライバルになる尼子《あまご》氏（尼子経久《つねひさ》）が急速に台頭し、たとえば永正十四年夏には尼子氏が、大内氏の領国のひとつである石見国（島根県西部）で地元の有力者と結託して争乱を起こす、という事件が生じていた（『益田家文書』二七五号）。さすれば、このように領国の防衛に対する不安が増大していたことや、在京負担が重くのしかかっていたこと、また、永正十三年に大内氏が将軍義稙から日明貿易に関する諸権限を賜り、同貿易を独占的に遂行する目途《めど》をつけることができたこともあって（改訂史籍集覧『室町家御内書案』上。『常興日記』天文九年三月九日条参照）、ついに大内義興は、帰国を決断するにいたったのだと思われる。

　さて、こうして永正十五年八月に大内義興は、京都をはなれて帰国してしまった。義稙は永正五年に将軍に復位したとき、細川高国・大内義興・畠山尚順《ひさのぶ》・能登畠山義元という四人の在京大名に支えられて安定していたが、そのうちの大内義興が、ここで脱落したわけであった。しかも、これより前の永正十年十月には能登畠山義元も、その領国能登国（石川県北部）が錯乱《さくらん》におちいるなど、領国経営が不安定化したことからすでに帰国し、その後永正十二年九月に没してしまった（『加能史料』戦国Ⅵ、一六四・二二八頁。なお、後継者の畠山義総《よしふさ》はその後能登に在国しがちにな

将軍義稙を支えていた能登畠山義元の花押　彼もまた京都を去り、ほどなくして死去した

る）。

この結果、在京して将軍義稙の支柱となる大名は、実質的には細川高国と畠山尚順の二人だけになってしまった。義稙の権力基盤は、いつのまにか弱体化していた。

そこを、政敵である細川澄元《すみもと》にねらわれた――。

細川澄元は、かつて「船岡山の戦い」で将軍義稙らに敗北したが、大内義興の帰国によって義稙やこれを支える細川高国の勢威が低下したと知るや、逼塞《ひっそく》していた阿波国でまた挙兵した。そして細川澄元は、播磨国の有力大名である赤松義村を味方につけると（前にも述べたようにこの赤松は、一時将軍義稙に臣従したのだが、ここでまた離反した）、重臣の三好之長《ゆきなが》に大兵を授け、畿内に向けて進撃させたのだ。この結果、三好之長に率いられた細川澄元軍は瀬戸内海を渡り、ライバルの細川高国を攻めるべく、永正十六年十一月に高国の領国である摂津国（兵庫県東部）に大挙してなだれ込んだ（『二水記』永正十六年十一月九日条ほか）。

一方、この状況をみた細川高国は、摂津を防衛しようと永正十六年十一月に京都を出陣した。だが、細川高国は踏んばれない。翌永正十七年二月に摂津の要衝、越水城《こしみず》（兵庫県西宮市）が陥落し、さらに摂津国内の主要拠点がさしたる合戦もせずにつぎつぎと落城すると、高国軍はたちまち総崩れとなり、大敗した高国はあわてて京都に逃げこんだ（『拾芥記』永正十七年二月十七日条ほか）。どうも細川高国には勝利の女神がなかなか微笑《ほほえ》まない。高国はすでに十年以上も惣領《そうりょう》として細川一門に君臨していたが、彼はもともと細川惣領家の出身ではなく、しかもこれまで一度も大勝して内外にその武威《ぶい》を示したことがなかった。こういったことが、高国がすぐに苦戦してしまう一因であったのかもしれない。

さて、将軍義稙を支える細川高国が大敗したころ、義稙を支えるもうひとりの有力大名であった畠山尚順も細川澄元派によって苦戦をしいられ、尚順の嫡男である畠山稙長《たねなが》は、その本拠のひとつ河内国高屋《たかや》城（大阪府羽曳野市）を澄元派に包囲されて籠城を余儀なくされていた（『祐維記抄』永正十七年二月十六日・三月十六日条）。つまり、義稙を支える細川高国と畠山尚順が、二人ともそろって細川澄元軍の猛攻をうけて苦戦していたわけであった。義稙周辺の環境は急速に悪化し、このままでは義稙の没落は時間の問題であった。

そこで将軍義稙は、ここで思い切った奇策に打って出る。なんと、これまで宿敵であった細川澄元のほうと同盟し、細川高国を切り捨てたのだ。

摂津で大敗した細川高国は、永正十七年二月十七日に京都に逃げこんだ。だがここも安全ではなく、そこで彼は、近江国の有力大名六角《ろっかく》氏（六角定頼《さだより》）を頼って近江に脱出することを決断し、将軍義稙にも同行してくれるよう求めた。高国は義稙に「近江まで御供《おとも》したい」と言って同行を求めたという。だが義稙は、これを拒否した。実はこの直前、義稙のもとに細川澄元から「今後は義稙様の命令にしたがって働きます」という内容の書状が届けられていた。そこでこれを受けとった義稙は、細川高国を見捨て、高国を軍事的に圧倒しつつあった細川澄元との同盟を決断したのだ（『尚通公記』永正十七年二月二十日条ほか）。まさに電光石火《でんこうせっか》の早業《はやわざ》であった。

三好之長肖像　徳島県板野郡藍住町・見性寺蔵

将軍義稙にとって、支柱となる大名は細川高国でも細川澄元でもどちらでもよく、状況に応じて支柱大名を臨機応変に改変することも将軍の大事な「生き残り策」のひとつであったといえよう。ただし、「細川高国を見捨て、細川澄元に乗りかえた」ことは、義稙にとっては大きな「賭《か》け」であった。細川澄元がこのまま順調に勢威を拡大させればよいが、もし細川高国が勢いを盛り返してくるようなことになれば、義稙は困った立場に追いこまれることになる。

ではこの賭けは、吉と出たのか、それとも凶と出たのか。

細川澄元はなぜ上洛してこなかったのか

細川高国が京都から近江に去った直後の永正十七年（一五一九）三月二十七日、将軍義稙と新たに同盟をむすんだ細川澄元の大軍が、京都に堂々と入城した。

これを率いていたのは、細川澄元の重臣三好之長《みよしゆきなが》（三好長慶《ながよし》の曽祖父）であった。三好に率いられて入京した細川澄元軍は総勢二万の大軍であり、このうち騎馬武者は約百騎ほどもあって各々甲冑《かっちゅう》を着用し、その美麗さに見物の人びとは驚いたという（『二水記』永正十七年三月二十七日条）。その後三好之長は、主君である細川澄元の代理として将軍義稙の住まう三条御所に参上し、馬や太刀、甲冑や銭貨といったさまざまな進物を義稙に献じた。このときの三好らの衣装もまた美麗であり、見物人たちは大いに驚いたという（『二水記』永正十七年五月一日条）。

ところが、奇妙なことに肝心《かんじん》の細川澄元は、なかなか上洛してこなかった。すでに宿敵の細川高国は近江に去っていた。そして京都は、細川澄元の重臣である三好之長が掌中《しょうちゅう》におさめていた。したがって、澄元が上洛してこないのは奇妙であり、京都では「京都が澄元派の支配下におかれてすでに数日も経っているのに、なぜ澄元は上洛してこないのか。とても不審だ」といった声が囁《ささや》かれはじめていた（『二水記』永正十七年三月十五日条）。いったいなぜ細川澄元は、上洛してこなかったのであろうか……。

一方、将軍義稙に同行を拒否されたことから、ひとり京都を去って近江にあった細川高国は、着々と反撃の準備をすすめていた。そして彼は、近江の有力大名六角定頼《さだより》の兵二万人を味方につけるやただちに出陣し、京都を去ってわずか二か月半後の永正十七年五月初旬には京都近くにまで押し寄せた。京都近郊では細川高国軍の篝火《かがりび》が、晴天の星のごとく光を放って京都を恐怖におとしいれたという。

これをみた京都の三好之長は、ただちに細川高国を迎撃する準備をすすめ、将軍義稙が住まう三条御所やその近くにある等持寺《とうじじ》付近に布陣した。義稙は、自分が見捨てた細川高国に帰京されると困った立場に追いこまれることから「三好と無二《むに》の御同心」しており、それゆえ三好之長も、三条御所近辺に布陣して「三条の御所（＝将軍義稙）を頼み奉《たてまつ》」ろうとしたわけであった（以上、『二水記』永正十七年五月三日条、『拾芥記』同日条）。

しかし、三好之長はたちまち苦戦した。

三好の率いる細川澄元軍は、このわずか二か月半前に入京した際には二万もの大兵を擁《よう》していたが、細川高国軍の優勢が伝えられるや、兵たちの離反・脱走があいついだ。その結果、京都にせまった高国軍が六角勢をふくめて四〜五万もの大軍にふくれあがっていたのに対し、三好之長のもとには、わずかに四〜五千人の兵しか残されていなかったという（『二水記』永正十七年五月五日条ほか）。それでも三好之長は奮戦した。しかし結局、彼は四国の有力武士である久米・河村・東条氏らにまで裏切られて大敗し、二人の息子を連れて三条御所に近い尼寺の曇花院《どんげいん》に逃げこんだ。三好之長は肥満のために動作がままならず、それゆえ彼は、逃げ遅れてやむなく近くの曇花院を頼ったという（『元長卿記』永正十七年五月五・六日条、『聾盲記』永正十七年五月十二日条ほか）。

前にもふれたようにこの曇花院には、将軍義稙の妹である祝渓聖寿《しゅくけいしょうじゅ》が入寺していた。彼女は、細川高国の兵たちが寺を包囲するなか、「三好之長を引き渡されたし」という高国の要求をかたくなに拒《こば》みつづけ、「たとえ自害することになったとしても、三好の引き渡しには応じられない」という姿勢をとりつづけたという。だが、こうした有り様をみた三好之長は、災《わざわ》いが曇花院におよぶことを慮《おもんぱか》ったのであろう、ついにみずから寺を出て細川高国の兵に捕縛《ほばく》された。その後三好之長は、高国の兵によって京都市中を刑場までひとり歩かされ、五月十一日に斬られた。享年、六十三歳であったという。ちなみに三好之長の二人の息子もこの直後に斬られた（以上、『二水記』永正十七年五月九〜十一日条ほか）。

さて、こうして三好之長は、細川高国によって敗死させられ、三好が率いていた細川澄元軍も壊滅した。しかしそもそもなぜ三好之長は、こうもあっけなく敗北してしまったのであろうか。三好の率いていた細川澄元軍は、これまで破竹の勢いで進撃し、細川高国をたちまち京都から近江に追い落とした。にもかかわらず、わずか二か月あまりで壊滅してしまったのはなぜなのであろうか。

その大きな原因は、なんといっても総大将の細川澄元が上洛してこなかったことにあろう。細川澄元は、重臣の三好之長のみを上洛させ、とうとう最後まで自分は上洛してこなかった。右述したように三好之長は、つぎつぎと味方に離反され、最後は四国の有力武士たちにまで裏切られて敗死してしまったが、これも、澄元が上洛してこなかったことが大きな要因といえよう。では、いったいなぜ澄元は上洛してこなかったのか?。

実はこのころ、細川澄元は死の床にあったのだ。

そして、三好之長が斬られた一か月後の永正十七年六月十日、澄元はついに世を去ったという（『大日本史料』永正十七年六月十日条）。享年三十二歳であった。つまり、将軍義稙が細川高国を見捨て、細川澄元のほうと同盟した永正十七年二月中旬の時点では、澄元はすでに死につつあったわけであり、ひょっとしたらこの時点で澄元は、すでに死んでいたのかもしれない。

というのは、永正十七年二月中旬から三月にかけて「細川澄元は、すでに病が篤《あつ》くなって死んでしまった」とか、「澄元は、去る二月十六日夜に乗っていた船が沈没して死んだという。その証拠に最近澄元を見た者はひとりもいない」などといった噂が早くも広まっていたからである。もし、将軍義稙が細川澄元と同盟した二月中旬以前に「すでに澄元が死んでいた」とすれば、義稙は「死人（澄元）と同盟し、すべてを賭けてしまった」ということになる。澄元はまだ三十二歳であったから、まさか澄元がこの若さで死去してしまうとは、義稙としても夢にも思わなかったのであろう（『二条寺主家記抜粋』永正十七年二月十七日条、『祐維記抄』同年三月十六日、五月一・六日条、『聾盲記』同年三月二十六日条ほか）。

さて、こうして細川澄元派が壊滅した結果、近江に追われていた細川高国が、京都にもどってくることになった。当然、高国を見捨てて細川澄元と同盟してしまった将軍義稙は、厳しい立場に追いこまれることになった。ところが京都にもどった細川高国は、むしろ義稙との関係を修復しようとこころみていく。なぜであろうか。

細川澄元の花押

細川高国は将軍義稙をどう処遇したのか

三好之長《ゆきなが》の率いる細川澄元軍をうちやぶり、永正十七年（一五一九）五月に帰京を果たした細川高国が、将軍義稙につよい恨みを抱いていたであろうことは想像にかたくない。なんといっても義稙は、細川高国を見捨て、そのライバルである細川澄元のほうと同盟してしまったのであるから、帰京後の高国と義稙とが険悪な関係になったとしても不思議ではなかろう。

将軍義稙は、永正五年に帰京した当時は四人の在京大名たちに支えられていた。だが、このうち大内義興が永正十五年に京都を去って帰国してしまい、能登畠山義元もそれ以前の永正十年に京都を去った。さらに畠山尚順《ひさのぶ》も家臣たちと不和となり、ついに永正十七年八月に堺（大阪府堺市）に逼塞《ひっそく》することを余儀なくされてしまう（『上杉家文書』二四七号）。したがって、義稙にとって頼りになるのはもはや細川高国だけであった。だが、義稙はその高国を裏切り、信頼関係をこわしてしまった。この結果義稙は、いつ没落しても不思議ではない状況に追いこまれた。

ところが奇妙なことに、近江から京都にもどってきた細川高国は、将軍義稙との友好関係をふたたび築こうとしていった。すなわち高国は、京都にもどると何事もなかったかのように義稙と対面を果たし、義稙を処罰したりはしなかった。それどころか高国は帰京後、義稙の住む三条御所において盛大な猿楽《さるがく》の会を開催して義稙を接待し、高国とともにこれに参加した義稙は、大いに満足した様子であったという（『尚通公記』永正十七年八月二十一・二十四日条）。これらのことからは、「将軍義稙との関係を修復したい」という細川高国の意思が読みとれよう。

しかし、いったいなぜ細川高国は、将軍義稙との関係修復をこころみていたのであろうか。

義稙は、細川高国をあっさり見捨てて細川澄元に乗りかえたのであり、しかもこの「乗りかえ」は手際《てぎわ》よく、そのあまりの手際のよさに当時の人びとは「義稙様は、前々から澄元のほうと通じあっていたのではないか。もしそうであるならば、高国は実にあわれだ」と囁きあったという（『聾盲記』永正十七年二月二十二日条）。さらに義稙は、細川澄元軍を率いていた三好之長と同心し、そして三好のほうもまた義稙を頼りにし、義稙の住む三条御所付近に布陣して細川高国と戦った。この戦いに敗れた三好之長が曇花院《どんげいん》に逃げこんだのも、「この寺には将軍義稙の妹（祝渓聖寿）が入寺しており、それゆえ自分を匿《かくま》ってくれるだろう」との判断もあったからであろう。

このように、将軍義稙が細川澄元と通じていたことは明白な事実であった。帰京後の細川高国は、功績のあった宿将ですら「細川澄元に内通していたのではないか」と疑って切腹を命じるなど、疑心暗鬼におちいっていたふしがあるから（『二水記』永正十七年十月十四日条ほか）、彼が義稙を罰したとしてもなんら不思議ではない。にもかかわらず、細川高国が義稙との関係を修復しようとしていたのは、なぜなのか。

細川高国の花押

それは細川高国にとって、なお将軍義稙が必要であったことがその理由のひとつであったと思われる。

これ以前から細川高国は、大名たちの要望を受けて、将軍から大名たちに望みどおりの栄典《えいてん》が授与されるよう斡旋《あっせん》をおこなっていた。前にもふれたように大名たちは、「ライバルに栄典のランクで負けたくない」との思いがつよく、それゆえ戦国時代にあっても多くの大名たちは、ライバルより少しでも高いランクの栄典を将軍からもらおうと競いあっていた。そうしたなかで細川高国は、大名たちのために栄典を斡旋してやっていたのであった。たとえば、永正十四年に奥州の有力大名伊達《だて》氏（伊達稙宗《たねむね》）が、将軍義稙に「稙」の偏諱《へんき》（＝名前の一字）と「左京大夫《さきょうのだいぶ》」の官位をもらいたいと願い出た際、これを斡旋して伊達氏に望みどおりの栄典が下されるよう手配したのは、細川高国であった。このとき伊達氏は、細川高国側に「栄典が授与されて伊達氏の面目《めんもく》が立ったのは、高国様のご尽力のおかげです」と述べて謝礼を進呈しているから（『伊達家文書』七〇号ほか）、栄典を介して高国と伊達氏とが、より親交を深めたことは間違いない。すなわち細川高国にとって栄典は、伊達氏のような他大名に恩を売り、誼《よしみ》をつうじる契機をもたらしてくれる重要なツールであった。

しかし、栄典を大名たちに授与できるのは、あくまで足利将軍その人であって細川高国ではなかった。高国ができるのは栄典を斡旋することでしかなく、したがって彼が、栄典によって多くの大名たちと誼をつうじる機会を得ていくためには、将軍の存在がどうしても不可欠であった。ところが、高国がもし将軍義稙を追放してしまった場合、これにかわる者がいなかった。

そもそも将軍義稙には、後継者となるべき男子がいなかった。義稙は、八代将軍義政の御台所《みだいどころ》であった日野富子が政治に容喙《ようかい》したことに懲《こ》りたのか、正妻である御台所をおかなかったが、側室はあった。しかし、永正十二年十月に側室（因幡守護山名氏出身）に懐妊《かいにん》の徴候がみられたものの、結局男子は生まれなかった（『厳助往年記』永正十二年十一・十二月条ほか）。また、唯一生き残っていた弟である勝禅院了玄《しょうぜんいんりょうげん》も、永正十五年正月に四十一歳で没してしまった（↓180頁）。

だがその後将軍義稙が、誰かを養子にとって後継者に定めたという形跡はない。これは、当時としてはかなり異例なことであったといえよう。義稙は、後継者をどうするつもりであったのだろうか。この後に男子をもうける自信があったのであろうか。あるいはあえて後継者を定めないことで、自身の求心力を高めようと計算していたのであろうか。

いずれにせよ、将軍義稙には男子がなく、また義稙の兄弟もすべて死去してしまったことから、このころ京都周辺で足利の血を引く者は、前将軍義澄《よしずみ》の遺児である足利義晴《よしはる》と、その兄弟である足利義《よし》維《つな》の二人しかいなかった（4頁の略系図参照）。だが義晴は、播磨の有力大名赤松義村に養育されており、そしてこの赤松は細川澄元に味方して細川高国とは敵対するようになっていたから（↓194頁）、高国が義晴をすぐに新将軍に迎立《げいりつ》することは困難な状況であった。また足利義維も、高国の宿敵である細川澄元に養育され、澄元の没後は細川晴元《はるもと》（澄元の遺児）らとともに阿波国にあったと思われるから、高国にとっては、これまた新将軍に迎立することは困難であった。

こうしたことから細川高国としては、将軍義稙と手を切るわけにはいかなかったのであり、ここに帰京後の高国が、義稙との関係を修復せざるをえなかった要因のひとつがあったといえよう。この結果、義稙と細川高国とのあいだには、奇妙な友好関係が生まれていった。

だが、このような関係は、長つづきはしない。

大永《だいえい》元年（一五二一）三月七日、将軍義稙は、細川高国との対立から突然京都を出奔し、堺（大阪府堺市）を経て淡路島《あわじしま》（兵庫県）に向かった（『于恒記』大永元年三月八日条ほか）。やはり細川高国とはしっくりいかなかったのであろう。あるいは、かつて義稙は甲賀に出奔したことで高国をはじめとする支柱大名たちに忠誠を誓わせることに成功したことがあったから（↓177頁）、このときも義稙は同じような状況にいたることをもくろんで、あえて出奔という挙に出たのかもしれない。

ところが細川高国は、義稙の京都出奔を知ると、播磨の赤松義村のもとで養育されていた足利義晴（当時十一歳）をただちに京都に招き、新将軍に擁立してしまった。

前述のように赤松義村は、このころ細川高国と敵対していた。だが高国は、赤松氏の重臣浦上村宗《うらがみむらむね》と手を組み、その力を借りることで足利義晴を京都に招き入れることに成功したのであり、ひょっとしたら高国は、「義稙との関係はいずれ破綻せざるをえない」と予測し、かねてから浦上村宗と連絡をとりあって足利義晴迎立の準備をすすめていた可能性もある。もしそうであるならば、高国のほうが義稙より一枚上手であったといえる。

足利義晴肖像　京都市立芸術大学芸術資料館蔵

こうして足利義晴は、大永元年七月に細川高国に招かれて播磨から上洛し、十二月には義稙にかわって朝廷から征夷大将軍（第十二代将軍）に任じられた（以上、『二水記』大永元年三月八～十日、七月六日、十二月二十五日条ほか）。この結果、淡路にあった義稙は厳しい立場に追いこまれることになってしまった。そこで義稙は、細川高国を討って実力で京都を奪還することを決意し、大永元年十月下旬に出奔先の淡路を出陣して京都に向かった。

だが義稙は、二度と帰京することはできなかった。なぜだろうか。

義稙の賭けは失敗であったのか

義稙は、大永元年（一五二一）十月下旬に淡路を出陣して堺まで進撃し、「カタ木屋」（浄土真宗の樫木屋道場か）に陣した。しかし、義稙に味方する大名は少なく、「公方様（＝義稙）へ引汲《いんきゅう》（＝味方する）諸大名一人モ無」しといった状況であったという（『祐維記』大永元年十一月一日条）。

戦国時代にいたっても多くの大名たちにとって、足利将軍にはさまざまな利用価値があり、それゆえ将軍はなお必要な存在であった。しかし、大名たちにとって将軍は義稙でも義晴でもどちらでもよく、畿内最大の勢威をもつ有力大名細川高国が義晴のほうを支持している以上、高国と敵対してまで義稙を支持しなくてはならない必要性は、どの大名にもあまりなかった。ここに、義稙に味方する大名が少なかった一因があったといえよう。

結局、最後まで義稙に味方したのは、「明応の政変」以来、常に義稙を支持しつづけてきた畠山尚順《ひさのぶ》などごくわずかであった。しかし、この畠山尚順にしても家臣たちに叛《そむ》かれて十分に義稙を支えられず、そこで義稙は、この時点での京都奪還をあきらめ、大永元年十一月に堺を脱出してふたたび淡路に下った。この淡路は細川晴元《はるもと》（かつて義稙がすべてを賭けた故細川澄元《すみもと》の子息）の勢力圏であり、淡路を居所にしたことから、義稙は京都の人びとから以後「淡路御所」などと呼ばれた（『菅別記』大永二年二月二十三日条）。そしてその後義稙は、さらに淡路を出て、細川晴元の本拠地である阿波国（徳島県）に向かったという。

ところでなぜ義稙は、下向先に淡路や阿波を選んだのであろうか。義稙は、かつて「明応の政変」

で失脚した際に越中国（富山県）に逃亡したが、この大永元年当時、越中は政情が不安定でとても義稙が移り住むことのできる状況にはなかった。またかつて義稙は、大内義興を頼って周防国にも滞在したことがあり、もしこのとき義稙が周防に下れば、あるいは大内氏は歓迎してくれたかもしれない。しかし、あまり京都から遠くはなれてしまうことは、周囲の信用をうしなう可能性があった（↓125頁）。また大内義興は、十年にもおよぶ京都滞在に見切りをつけて帰国したばかりであったうえ、ライバル尼子《あまご》氏の台頭も顕著であったから、義稙が周防に下っても、大内が前回同様に義稙を奉じて上洛してくれる可能性は低かったといえよう。

おそらくはこうした理由から義稙は、細川晴元を頼って京都からほど近い淡路、ついで阿波に移座《いざ》したのではないかとみられる。だが、義稙が京都を出奔した大永元年当時、細川晴元はまだ幼童であり、この晴元を支える重臣の三好元長《もとなが》（故三好之長《ゆきなが》の孫で長慶《ながよし》の父）も、まだ若くて実力不足であった。しかも、前年に細川高国によって京都で敗死せしめられた三好之長の阿波における遺領は、之長を裏切って彼を死に追いやった久米・河村・東条氏らに高国から分配されたようであるから（『祐維記抄』永正十七年五月十二日条）、細川晴元や三好元長は、こういった阿波の高国派勢力とも対抗していかなくてはならず、とても義稙の上洛をすぐには支援できる状況にはなかった。

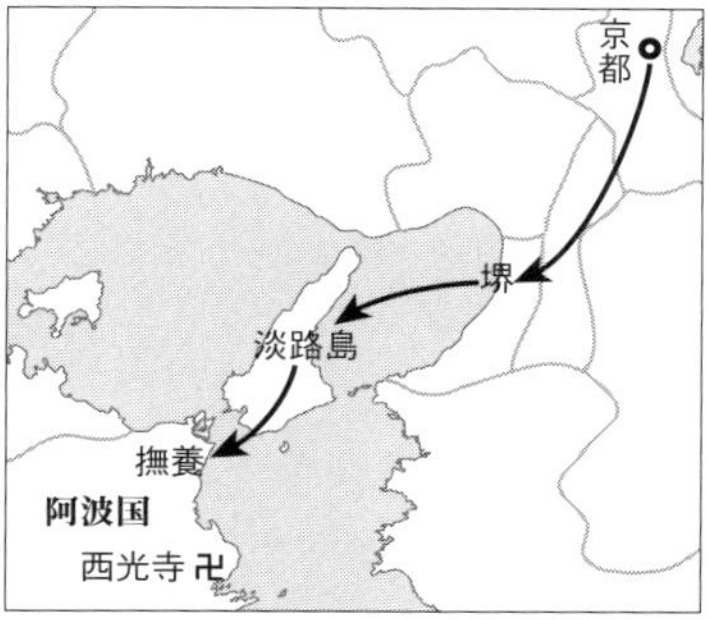

図7　義稙の阿波下向図

現在の撫養の町並み　徳島県鳴門市

こうしたことから義稙の帰京はなかなか実現されず、そのようななかで義稙は病を得てしまった。これまで義稙は、何度となく危難にあい、そのつどこれに耐えて見事に乗り切ってきた。しかし、還暦間近になって直面した新たな忍従の日々に、さしもの「鉄人」義稙も耐えかねたのであろうか、その後彼は、再起することができないままついに大永三年（一五二三）四月九日、阿波国撫養《むや》（徳島県鳴門市）で没したという。享年、五十八歳であった。

　義稙の死は、すぐには京都に伝わらなかった。たとえば、このころ京都方面の情報を収集していた豊後国の有力大名大友氏の関係者は、義稙が没して一年も経った大永四年三月十一日付の書状で、「阿州《あしゅう》公方《くぼう》様、近日一向その沙汰《さた》なく候（＝阿波の公方様は、近日、一向にその動静が伝えられない）」と大友氏に報告している（『大分県史料』二十六所収「柳河大友家文書」五二五号）。この「阿州公方」が義稙のことだとすれば、大友氏ではこの時点にいたっても義稙の死を知らなかったことになり、いかに義稙の死が寂《さび》しいものであったかがうかがわれよう。

　義稙がこのような最期を迎えざるをえなくなったのは、いうまでもなく彼が、細川高国を見捨て、細川澄元にすべてを賭けてしまったからにほかならない。ではこの賭けは、失敗であったのか。

　実は、そうではなかったのだ――。

その後の歴史を概観してみよう。細川高国は、大永元年に足利義晴を将軍に擁立し、いわば定策《ていさく》の功臣として将軍義晴から信頼された。しかしその後、高国はほどなくして有力家臣たちと対立し、その結果彼は、大永七年二月に京都を追われてしまった（『実隆公記』大永七年二月十四日条ほか）。そして高国が去った京都は、その後しばらくして四国から畿内に進出してきた細川晴元・三好元長が支配下におくようになり、彼らは、剽悍《ひょうかん》な四国勢を率いて細川高国を追いつめ、ついに享禄《きょうろく》四年（一五三一）六月に高国を敗死させることに成功した（『二水記』享禄四年六月八日条ほか）。

このように細川高国は、義稙の死からわずか四年ほどで京都をうしない、義稙の死後たった八年で細川澄元の遺児である細川晴元に攻められ、滅ぼされてしまったわけであった。こうしたその後の歴史を考えたならば、義稙が高国を見捨てたことは、長期的な視点でみれば決して間違ってはいなかったともいえよう。細川晴元は阿波から畿内に進出した際、阿波で育った足利義維《よしつな》（十二代将軍義晴の兄弟）を主君として奉じたが、もしこの時点でまだ義稙が存命中であったならば、晴元が奉じたのは足利義維ではなく、前将軍である義稙その人であったにちがいない。

だが義稙は、ついにそれを知ることなく、五十八年の波乱に満ちた生涯を終えたのであった。

足利義稙の墓　徳島県阿南市・西光寺

第四章　義稙の人生を振り返って

義稙はなぜ「成功しなかった」のか

織田信長や豊臣秀吉、徳川家康のように強力な中央権力を樹立し、いわば功成り名を遂《と》げることをもし「成功した」というならば、足利義稙は「成功しなかった」といえよう。ではなぜ彼は、成功しなかったのか。もとよりこのようなことを考えても後知恵《あとぢえ》の結果論以上のものにはならないのだが、義稙の人生を振り返ることにもなるので、最後に簡単に検討しておくことも無駄ではなかろう。

秀吉や家康らのようには「成功しなかった」足利義稙は、今日では一般にはほとんどその存在が知られていないか、せいぜい「流れ公方《くぼう》」などといわれて嘲笑されるにすぎない。だが彼は、いくつかのミスはおかしたものの、全体としてはそれなりにうまく政治をすすめてきた。

そもそも義稙は、従兄にあたる九代将軍義尚《よしひさ》の早世で急きょ十代将軍になったこともあって、当初は将軍としての心構えも基本的な知識も不足していた。また彼は、長らく京都から遠くはなれた美濃国で暮らしてきたことから、本来心強い権力基盤となるはずの将軍直臣らともなじみではなかった。そうしたことから義稙は、十代将軍になった当初、これまでそれなりに政治経験を積んできた父の足利義視《よしみ》を頼みの綱としていた。だがその父義視も、義稙が将軍になってすぐに病没してしまった。

こうしたなかで義稙とその側近たちは、義稙の求心力を高めるべく、誰かを「敵」にし、将軍直臣や大名たちと皆でこの「共通の敵」を討つ外征を敢行することを思いたった。

今日でも大衆の支持を失った政治家が、しばしば外国人や少数民族などを「敵」とし、大衆とともにこの「共通の敵」を迫害することで求心力を高め、支持率の回復をはかろうとしていることを想起するならば、義稙のとった手法は、求心力を高めるための政治テクニックとしては決して間違ってはいない。こうしてまずは近江六角高頼《ろっかくたかより》征伐、次いで河内の畠山基家《はたけやまもといえ》征伐が実施された。そして義稙は、この外征の際に多くの大名たちを引きつれて出陣することで、おのれが将軍家相続者としてふさわしい「器量《きりょう》」のあることを内外に示した。また、みずから最前線に立って采配を振るい、赫々《かっかく》たる武勲をあげることで、自身に軍事的力量のあることも明らかにした。さらに、戦場では従軍した大名たちはもとより、その重臣たちにまで親しく接し、彼らを手懐《てなず》けようとはかった。

また義稙は、有力大名の畠山政長や斯波義寛《しばよしとお》、そして細川一門の有力者であった阿波細川氏当主の細川義春らに近づき、これによって畿内で最大の勢威をもっていた細川政元を孤立させ、封じこめようとした。この封じこめ策はそれなりに順調にすすんでおり、後に細川政元が反義稙の兵をあげたこと(明応の政変)、政元がいかに義稙に追いつめられていたかを逆に示しているともいえよう。

ここまでの義稙の政治活動は、見事といってよい。

だが義稙は、外征を休む間もなく立てつづけに実施してしまった。一年半におよんだ近江六角氏征伐が終了すると、すぐに今度は河内の畠山基家征伐をはじめてしまった。この結果、戦争にともなう負担から、大名たちのあいだでは義稙に対する不満が生じた。このことが「明応の政変」の際、義稙が大名たちから積極的な支援を受けられなかった大きな要因のひとつにほかならない。歴史を語る際に「反実仮想《はんじつかそう》」（歴史のイフ）は禁じ手なのだけれど、もし、義稙がもう少し間隔をあけて外征を実施していたならば、義稙の求心力は徐々にではあるが確実に高まり、「明応の政変」の際にもう少し多くの大名たちが義稙のもとに集まったかもしれない。そうなれば、そもそも細川政元は反義稙の兵をあげられなかったであろう。

さて、その後「明応の政変」によって逮捕された義稙は、幽閉先を脱走し、最初は越中（富山県）、次いで越前（福井県）に移座し、いったんは京都に近い坂本（滋賀県大津市）まで進撃したものの、敗退して周防（山口県）に逃れた。義稙が京都をはなれて北陸や周防に滞在していた期間はトータルで実に十五年もの長きにおよんでおり、その間彼は、じっと京都奪還のチャンスをうかがいつつ忍従の日々を耐えた。義稙がこれほどの長期間にわたって希望をうしなわず、あきらめず、初心を貫徹して挑戦しつづけたことは、実に見事というほかに言葉がない。上洛をあきらめて出家し、寺にこもって歴史の闇のなかに消え去ることもできたはずであろう。だが彼は、決してそうはしなかった。

本書を読んだわれわれは、「その後」になにが起こるかを知っている。このあとに義稙が、細川政元の死にともなう混乱に乗じて京都奪還に成功することになる、という歴史的事実を知っている。だが、もとより各地を転々としていた当時の義稙とその近臣たちは、そのようなことは知る由《よし》もない。彼らはいわば「先に光明の見えない」状態にあったわけであり、そうしたなかでチャンスをじっと待つ、ということは、口でいうほど簡単なことではない。当然ながら焦燥《しょうそう》することもあったであろう。義稙が越中に滞在していたころ、彼の近臣たちのあいだで「細川政元と和解すべきだ」という「和平案」が生まれ、広く支持されていったのは、そうした焦燥のあらわれにほかなるまい（↓104頁）。

このような苦しい環境のなかで、義稙はついにチャンスをものにし、永正五年（一五〇八）に念願の帰京を果たした。その後義稙は、細川高国・大内義興《よしおき》・畠山尚順《ひさのぶ》・能登畠山義元という四人の在京大名たちに支えられる体制が安定的に維持されるようはかり、また、「共通の敵」の没落にともなって支柱大名たちとのあいだで軋轢が生じはじめると、甲賀に出奔することで自身の価値を支柱大名たちに再認識させ、求心力の回復につとめた。さらに、かつて自分を裏切った最有力の将軍直臣伊勢氏を厚遇し、またライバルである前将軍義澄との差別化をはかるべく、天皇との関係も重視した。そのうえ、将軍家の独自基盤とすべく大和国に侵攻したり、畠山順光《のぶみつ》を登用するなどして新たな人的基盤をつくりあげようともした。

この結果、義稙は実に十三年間もの長期にわたって京都に君臨しつづけることに成功した。われわれは、異常でドラマチックな場面ばかりに注目してしまう傾向があり、そうしたことから、帰京後の義稙が意外に政治的に安定していた、ということをついつい忘れがちになる。だが、このことはもっと注目され、評価されてよい。

ただし、大内義興に帰国されてしまったことは、義稙にとって大きな失敗であった。大内の帰国によって義稙の政治基盤は大きく弱体し、そこを政敵（細川澄元）につけこまれてしまった。では、もう少し義稙は、うまく対応することができなかったのであろうか。大内義興は、本国である周防から遠くはなれて在京していた。大内氏にとって在京負担は重く、ライバルである尼子《あまご》氏の台頭で領国の防衛にも不安が生じていたから、大内義興の帰国はいずれは避けられなかったであろう。とすれば義稙は、大内義興の帰国を予測し、大内以外に自分の支柱になってくれそうな大名を探しておくべきであった。じつは、義稙の支柱となりうる有力な大名が、それも京都のすぐ近くにいたのだ。

それは、近江（滋賀県）の大名である六角氏（六角定頼《さだより》）であった。

この六角氏はよく知られているように、義稙のあとに将軍（十二代）となった足利義晴を支え、その重要な支柱大名として活躍した。したがって、六角氏には京都政界に進出し、将軍を支え、これを利用していこうという志向性が十二分にあったといえる。

もとより六角氏は、足利将軍家、とりわけ義稙とは因縁《いんねん》浅からぬものがあった。かつて六角高頼は、九代将軍義尚によって征伐を受け、延徳三年（一四九一）には義稙本人に征伐されて一時滅亡寸前にまで追いこまれた。さらに六角高頼は、明応八年（一四九九）には京都近くまで攻めのぼった義稙を奇襲し、義稙が周防に没落するきっかけをつくっている。しかしこれらは、いずれもすでに二十～三十年も前の出来事であり、当事者であった六角高頼も引退して（永正十七年に病没）息子の定頼の時代になっていたから、もし義稙が六角氏を大内氏にかわる支柱大名として選び、これを登用しようとしたならば、京都政界への進出をもくろむ六角氏は、喜んでこれに応じたにちがいない。

だが義稙が、六角氏を支柱大名として積極的に登用しようとした形跡はない。もし六角氏を登用していれば義稙は、細川（細川高国）、畠山（畠山尚順）、そして六角（六角定頼）という、畿内に基盤をもつ三人の有力大名に支えられ、かつてないほどの強力な権力基盤を手に入れることになっただけに、これは惜しいことであった。

そして、義稙の政治活動において最大の誤算であったのが、細川高国を見捨ててすべてを賭けた細川澄元が、わずか三十二歳の若さで急逝《きゅうせい》してしまったことであった。

細川高国から澄元への鞍替えという義稙の決断は、澄元軍によって高国が敗走を重ね、京都が危機におちいった慌《あわ》ただしいなかで短時間のうちに下されたものであった。しかも義稙にとって、細川澄元はこれまで敵対していた相手であったから、このような人物の健康状態に関する情報を短時間のうちに把握することは、テレビも電話もインターネットもない当時としては困難であったにちがいない。また、細川高国を見捨て、細川澄元（とその子息の晴元）のほうを頼る、という決断は、長い目で見れば決して間違ってはいなかった。だがこの決断は、細川高国との関係を悪化させ、大永元年（一五二一）に義稙がふたたび京都をうしなうという結果を招いてしまった。

さて、このように義稙はいくつかの判断ミスをおかした。しかし彼が「成功しなかった」のは、こういったミスだけが原因であったのだろうか。

足利将軍家の「存立の仕組み」の問題点とはなにか

義稙が「成功しなかった」原因として今ひとつあげなければならないのは、彼が相続した足利将軍家のもつ存立の仕組みそのものに問題があった、ということであろう。その問題とは、将軍家に強大な直属軍もそれを支える広大な直轄領もなかった、という点にほかならない。

よく知られているように、徳川将軍家には「旗本八万騎」と俗称される強大な直属軍と、それを支えるに足る四百万石ともいわれる広大な直轄領とがあった。したがって徳川将軍は、他の大名から協力をあおがずとも、自分だけの力で存立することが十分に可能であった。ところが、足利将軍家にはそのような直属軍も直轄領もなく、それゆえ足利将軍は、その存立にあたっては大名たちの支持と協力を得ることが不可欠であった。

これを現在の世界でたとえていうならば、徳川将軍家は、強大な軍事力とそれを支える経済力をもち、他国に依存せずに自立できるアメリカや中国などの「超大国の元首」とでもいうべき存在であった。これに対して足利将軍家のほうは、独自の国土も国民ももたず、各国の支持と協力を得ることによってはじめて存立しうる「国際機関の事務局長」のごとき存在であったといえる。足利将軍（室町幕府）と徳川将軍（江戸幕府）は、同じ「将軍」「幕府」という言葉で語られるけれど、この両者は質的にまったく異なっていた（山田康弘、二〇一一年）。

足利将軍家に強大な直属軍がなかったのは、「万一のときには、大名たちからきちんと協力の提供を受けられる」という前提にもとづいてその存立の仕組みができあがっていたからだと考えられる。万一のときに大名たちからきちんと協力が得られるのであれば、わざわざ強大な直属軍などを常備しておく必要はないし、それを支える広大な直轄領も必要ない。そしてこのような「前提」は、当初はある程度成り立っていた。

だが、その後大名たちが将軍に頼らずにみずからの実力だけで領国を支配するようになってくるにつれて、大名たちは、しばしば将軍の命令にしたがわず、将軍への協力の提供をこばむようになってきた。つまり、将軍存立の「前提」が崩れはじめてきたのであり、したがって歴代将軍は、このような新たな事態に対応すべく、強大な直属軍とこれを支える広大な直轄領とを早急に創出《そうしゅつ》し、大名たちの協力をあおがずとも大過《たいか》ないようにしておくべきであった。だが、足利将軍家の全盛期とされる三代将軍義満《よしみつ》や六代将軍義教《よしのり》の時期であっても、将軍たちの挙動には、そうした改革を断行しようとした形跡はあまりみられない。

この結果、義稙が将軍家を相続したころも、将軍家にはあいかわらず直属軍も直轄領も十分には備わっていないということになり、このことが義稙を悩ますことになった。

義稙が最初に将軍となったとき、あれほど外征を立てつづけに敢行してしまったのは、結局のところ将軍家に独自の基盤がとぼしく、それゆえ「共通の敵」と戦うことで大名たちとの団結力の強化を早急にはからねばならなかったからにほかならない。また、義稙が「明応の政変」の際にあっけなく逮捕されてしまったことや、その後京都を脱走して北陸に逃れたものの、北陸の大名たちの協力を受けられずになかなか上洛戦を開始できなかったこと、義稙がみずから越前一乗谷にまでおもむいて朝倉氏に上洛戦への協力を懇願《こんがん》せざるをえなかったこと、朝倉氏から協力を得られず、寡兵《かへい》を率いて坂本に進撃した結果、敵の奇襲にあって惨敗してしまったこと、細川政元の横死《おうし》に乗じて京都を奪取した後、細川高国や大内義興といった支柱大名たちとの団結力維持に心を砕かざるをえなかったこと、大内義興に帰国されて権力基盤が揺らぎ、そこを敵につけ込まれてしまったこと、細川高国との関係が悪化して京都をうしなうことになったこと、そしてその後、ふたたび帰京できなかったこと――こういったことも、結局のところ義稙に強大な直属軍がなく、それゆえ大名との関係に振りまわされざるをえなかった点に、その原因の過半があったといってよかろう。

とするならば、義稙が「成功しなかった」責任の一端は、強大な直属軍とこれを支える広大な直轄領を新たに創出せず、大名との関係に振りまわされざるをえないような仕組みを放置してきた彼の父祖たちにもある、といっても過言ではない。そして、このような将軍家のもつ存立の仕組みの問題点は、義稙のみならず、彼の後継者たち――十二代将軍義晴《よしはる》、十三代将軍義輝《よしてる》、十四代将軍義栄《よしひで》、そして織田信長と熾烈な政治闘争に身を投じた十五代将軍義昭《よしあき》にも引き継がれ、彼らを例外なく悩ませていくことになるのだが、このあたりのことは、また機会があったら論じていくことにしよう。

【主要参考文献】

シューマン『国際政治』（上巻、東京大学出版会、一九七三年）
佐藤進一『日本の歴史⑨南北朝の動乱』（中央公論社、一九七四年）
百瀬今朝雄「応仁・文明の乱」（『岩波講座日本歴史7　中世3』岩波書店、一九七六年）
和田英道「尊経閣文庫蔵『不問物語』翻刻」（『跡見学園女子大学紀要』一六、一九八三年）
笠谷和比古『主君「押込」の構造』（平凡社、一九八八年）
設楽　薫「足利義尚政権考」（『史学雑誌』九八―二、一九八九年）
佐藤進一『日本中世史論集』（岩波書店、一九九〇年）
黒田日出男『歴史としての御伽草子』（ぺりかん社、一九九六年）
今岡典和「足利義稙政権と大内義興」（上横手雅敬編『中世公武権力の構造と展開』吉川弘文館、二〇〇一年）
高木昭作『将軍権力と天皇』（青木書店、二〇〇三年）
山田邦明「戦国時代」（山田邦明ほか編『日本軍事史』吉川弘文館、二〇〇六年）
木下　聡『中世武家官位の研究』（吉川弘文館、二〇一一年）
萩原大輔「足利義尹政権考」（『ヒストリア』二二九、二〇一一年）
山田貴司「足利義材の流浪と西国の地域権力」（日本史史料研究会『戦国・織豊期の西国社会』二〇一二年）
トゥキュディデス『歴史』（上巻、筑摩書房、二〇一三年）
木下昌規『戦国期足利将軍家の権力構造』（岩田書院、二〇一四年）
浜口誠至『在京大名細川京兆家の政治史的研究』（思文閣出版、二〇一四年）

家永遵嗣　「足利義視と文正元年の政変」（『学習院大学文学部研究年報』六一、二〇一四年）
山田康弘　『戦国期室町幕府と将軍』（吉川弘文館、二〇〇〇年）
山田康弘　『戦国時代の足利将軍』（吉川弘文館、二〇一一年）
山田康弘　「戦国時代の足利将軍に関する諸問題」（『戦国・織豊期の西国社会』二〇一二年）

あとがき

戦国時代は、足利将軍家にとって厳しい時代であった。

各地の大名たちは、もはや将軍の命令をかつてのようにはきちんと遵守《じゅんしゅ》しなくなった。また将軍は、政情不安によって京都から地方にその居所をしばしば移さざるをえなくなった。

もっとも、そうした厳しい環境のゆえであろうか、戦国期の歴代将軍は、本書で論じた足利義稙をはじめとして知将・名君が多かった。酒色にふけって無気力になったり、無辜《むこ》の民を蹂躙《じゅうりん》するような暴戻《ぼうれい》な者はひとりとしていなかった。

またよくいわれるような、戦国期の将軍たちが誰かの傀儡《かいらい》になったという事実もない。将軍たちは、みずからで登用した側近らの補佐をうけながら、戦国期にいたっても京都内外から将軍のもとになお大量に持ちこまれていたいろいろな訴訟をさばき、そして判決を下していた。さらに将軍は、全国各地の大名たちにさまざまなランクの栄典を授与し、また大名たちから依頼があれば、彼らのために紛争調停をおこなっていた。この紛争調停はかならずしも常に実効性をもつものではなかったけれども、さりとてまったく無意味であったというわけでもなく、将軍の調停が、大名間での和平を成立させたり、和平成立のための「きっかけ」になることは確かにあった。

このように足利将軍は、戦国時代にいたっても一定の政治的役割を果たしていた。

だが、この時代の足利将軍については、一般はもとより専門の研究者のあいだですら関心が低く、織田信長と死闘を演じた足利義昭をのぞけば、戦国期における個々の将軍について論じた伝記すら今のところない。どうしても上杉謙信や武田信玄といった戦国武将たち、あるいは織田信長や豊臣秀吉といった「天下人」たちに関心が集まってしまうのである。どうもわれわれには、信長や秀吉といった「功成り名を遂《と》げた」人物ばかりに注目してしまう、という「癖《くせ》」があるようだ。そして、このような「癖」ゆえにわれわれは、功成り名を遂げられなかった過去の人物については、その人生がいかに興味深いものであってもこれを無視したり、「無能だ」と断じてしばしば嘲笑《ちょうしょう》してしまう。戦国期の将軍たちも、信長や秀吉ほどには功成り名を遂げられなかった人びとであり、さすればここに、戦国期の将軍についていまひとつ関心が高まらない理由の一端があるといえよう。

こうしたことから本書では、戦国期の足利将軍のひとりである足利義稙をとりあげた。

戦国期の将軍のなかでとくに足利義稙をとりあげたのは、現代ではあまり知る人のいない義稙の波《は》瀾万丈《らんばんじょう》な生涯を広く一般に紹介したい、とかねてから願っていたからにほかならない。義稙の人生は、艱難辛苦《かんなんしんく》に満ちたものであった。そして義稙は、その苦難によく耐えた。たとえば彼は、「明応の政変」によって逮捕され、将軍位をいったんうしなったもののその後脱走し、北陸や中国地方を十年以上にもわたって転々としながらついに京都を奪還して将軍に復位した。これなどは、いくつかの幸運にめぐまれたとはいえ見事というほか言葉がない。この一事だけをもってしても義稙は、英雄と称されるにふさわしいといえよう。

実は、戦国時代には義稙のように一般には知られていない「隠れた英雄」が少なくない。そして近年、歴史学関係者のあいだでは、こういった「隠れた英雄」を発掘し、広く一般に紹介していこうという動きが生じつつある。足利義稙の生涯を論じた本書が世に出ることになったのも、こうした動きの一環にほかならない。信長や秀吉もいいけれども、こういった「隠れた英雄」から戦国時代を眺《なが》めてみるのも一興《いっきょう》であろう。きっと、これまで気づかなかった戦国時代の新しい側面がみえてくるにちがいない。

好学の士よ。信長や秀吉は、もうそろそろ卒業だ――

二〇一六年四月一日

山田康弘

【補記】本書執筆にあたってさまざまな方々から助言を賜った。とりわけ『蜷川親俊日記研究会』の諸君からは、貴重な助言をいただいた。ここに記して衷心より謝意を表す次第である。

足利義稙略年表

西暦	年号	年齢	事項
一四六六	文正1	1歳	7月、義稙が生まれる。父は足利義視（第八代将軍義政の弟）、母は日野良子（義政御台所日野富子の妹）。○9月、「文正の政変」が起こり、諸大名によって伊勢貞親（将軍義政の側近）らが追放されて将軍義政の専制政治が終焉する。
一四六七	応仁1	2歳	1月、諸大名が山名派（西軍）と細川派（東軍）に分裂して対立し、事実上「応仁・文明の乱」がはじまる。○8月、西国の有力大名大内政弘が上洛し、西軍に味方する。○8月、東軍の総大将の地位にあった足利義視が伊勢国に出奔する。
一四六八	応仁2	3歳	9月、伊勢国にあった足利義視が兄将軍義政の求めに応じて帰京する。○11月、足利義視が兄と対立して比叡山延暦寺に出奔し、次いで西軍陣営に参入する。
一四七三	文明5	8歳	3月、西軍の領袖たる山名宗全が死す。○5月、東軍の領袖たる細川勝元が死す。○12月、第八代将軍義政と日野富子の子息である足利義尚が第九代将軍に就任する。
一四七五	文明7	10歳	この年、義稙の弟（後の維山周嘉）が生まれる。
一四七六	文明8	11歳	この年、義稙の妹（後の祝渓聖寿〈曇花院殿〉）が生まれるか（母は阿野氏か）。
一四七七	文明9	12歳	7月、義稙の妹（祝渓聖寿）が西軍から東軍に移り、日野富子らのはからいで京都の曇花院（通玄寺）に入寺する。○11月、西軍諸将が帰国し、これによって「応仁・文明の乱」が終焉する。義稙は父の足利義視とともに京都を離れて美濃国茜部に下り、以後、十二年間にわたって父とともに同地の承隆寺などで暮らす。
一四七八	文明10	13歳	この年、義稙の弟（後の耀山周台〈勝禅院了玄〉）が生まれる。
一四七九	文明11	14歳	この年、義稙の弟（後の実相院義忠）が生まれる。
一四八〇	文明12	15歳	12月、清晃（後の第十一代将軍義澄）が生まれる。
一四八七	長享1	22歳	1月、義稙が元服し、「義材」と名のる。○5月、清晃（後の第十一代将軍義澄）が天龍寺香厳院の住持になるべく伊豆国から上洛する。○8月、義稙が伯母である日野富子のはからいで「左馬頭」に任官する。○9月、九代将軍義尚が近江国の大名六角高頼を征伐すべく出陣する。

一四八九	延徳1	24歳	○3月、将軍義尚が近江の陣中で重態となり、美濃国にあった義稙が将軍にかわって六角征伐軍の総大将となるべく近江に出陣せんとする。○3月、このころ義稙が美濃国において祖庭敬教ら三人に禅寺住持就任を約束する。○3月、将軍義尚が近江の陣中で薨去する。○4月、義稙が父の足利義視とともに美濃国から上洛して通玄寺に入り、将軍位をねらうが、第八代将軍であった義政の執政宣言でこれを果たせず。
一四九〇	延徳2	25歳	1月、元将軍の義政が薨去し、義稙が第十代将軍に内定する。○5月、義稙の父である足利義視と日野富子が対立する。○7月、義稙が朝廷から第十代将軍に宣下され、その住まいである通玄寺が三条御所と称される。○11月、このころ足利義視が体調をくずし、将軍義稙はこれに大いに狼狽する。
一四九一	延徳3	26歳	1月、義稙の父、足利義視が薨去する。○2月、細川政元が北国へ旅立たんとし、嗣子なきことから摂関家九条家より養子（後の細川澄之）をもらう。○4月、将軍義稙が近江国の六角高頼征伐を決し、これを諸大名に号令する。○6月、将軍義稙が一条油小路の阿波細川邸に移り、ここを御所とする（一条御所）。○7月、これ以前に亡くなっていた将軍義稙の母日野良子に対し、朝廷から従一位が贈位される。○8月、将軍義稙が諸大名を率いて京都から近江国に出陣し、三井寺光浄院に本陣を置いて六角勢を圧倒する。○10月、将軍義稙が斯波義寛の願いを受け入れ、越前の朝倉貞景征伐を内定する。
一四九二	明応1	27歳	3月、将軍義稙が諸大名に命じ、反撃してきた六角勢を簗瀬河原で大いに討つ。○7月、将軍義稙が最前線に出馬せんとし、諸大名・諸将にこれを伝える。○10月、将軍義稙が大軍を率いて三井寺から最前線の金剛寺まで自身で出馬し、六角勢を大いに討つ。○12月、将軍義稙が京都に凱旋し、諸大名もまたこれに従って入京する。
一四九三	明応2	28歳	1月、将軍義稙が畠山政長の願いを受け入れて河内国の畠山基家征伐を決定し、これを諸大名に号令する。○2月、将軍義稙が諸大名を率いて京都から河内国に出陣し、正覚寺に本陣を置いて畠山基家勢を包囲する。○4月、「明応の政変」が起こり、細川政元が日野富子・伊勢貞宗らとともに将軍義稙を廃して清晃（足利義澄）を第十一代将軍に擁立する。○閏4月、畠山政長が正覚寺で自殺し、義稙もまた細川勢に逮捕される。○5月、義稙が細川勢によって京都に連行され、北山の龍安寺に幽閉される。○5月、義稙が毒殺されかかり、それゆえその身柄が上原元秀邸に移される。○6月、義稙が上原邸を脱走し、越中国に奔って神保長誠などに迎えられる。○9月、細川派の軍勢が越中で義稙派に大敗を喫す。
一四九四	明応3	29歳	9月、義稙が越中の神保邸において京都奪還の「旗上げ」をおこなう。
一四九六	明応5	31歳	5月、日野富子が没する。

一四九七	明応6	32歳	このころ、義稙およびその近臣たちの間で今後の路線をめぐって「武力征伐案」と「和平案」の両案が出され、対立が生ずる。○6月、義稙を支持する越中の有力者、神保長誠が家臣を京都に派遣し、「和平案」実現をはからんとする。
一四九八	明応7	33歳	5月、「和平案」推進派の吉見義隆（義稙の近臣）が上洛する。○7月、細川一門の反対によって「和平案」の実現が困難な状況になる。○9月、義稙がひそかに越中を去って越前一乗谷に向かい、越前国の大名朝倉貞景を頼る。また、このころ義稙は「義材」から「義尹」と改名する。
一四九九	明応8	34歳	2月、義稙を支持する畠山尚順が河内国で畠山基家を討ち果たし、京都南方で大勢力を築く。○6月、義稙が畠山尚順と連携し、京都を南北から挟撃せんとする。○7月、義稙が越前国府中を出陣し、京都にせまる。○9月、細川政元の兵と畠山尚順の兵とが京都南方において激突する。○11月、義稙が坂本まで進撃して京都を震撼させるが、近江国の大名六角高頼に奇襲されて大敗を喫す。○12月、畠山尚順が紀伊国へ退却する。○12月、義稙が大内義興を頼って周防国へいたり、以後、約八年間にわたって同国に滞在する。
一五〇〇	明応9	35歳	9月、義稙の盟友である畠山尚順が細川政元に大敗を喫す。
一五〇一	文亀1	36歳	1月、将軍義澄と細川政元が対立し、以後、この二人は何度となく対立をくり返す。
一五〇二	文亀2	37歳	8月、義稙の弟である実相院義忠が細川政元によって殺される。
一五〇六	永正3	41歳	4月、細川政元の養子として細川澄元が阿波国から上洛する。
一五〇七	永正4	42歳	6月、細川政元が元養子の細川澄之らに殺害され、細川一門が大混乱におちいる。○8月、細川澄之が殺され、かわって細川澄元が台頭する。
一五〇八	永正5	43歳	1月、義稙が京都奪還を決意し、大内義興の大艦隊とともに周防国を出帆して海路、京都をめざす。○4月、細川高国が細川澄元を近江国甲賀に追い払い、細川一門の惣領となる。○4月、将軍義澄が細川高国に見捨てられたことで京都を去り、近江国岡山城に退く。○4月、義稙が堺までいたり、京都をうかがう。○6月、義稙が大内義興・細川高国らとともに京都に入城し、一条室町の吉良邸を仮御所とする。○7月、義稙が征夷大将軍に復位する。○7月、将軍義稙が大内義興をなだめ、その周防帰国を断念させる。
一五〇九	永正6	44歳	1月、大内義興と細川高国が被官同士の争いから対立するが、将軍義稙の仲裁によって和解する。○6月、将軍義稙が政敵の細川澄元軍を京都近郊の如意ヶ嶽で討つ。○閏8月、細川澄元が近江国からその本拠阿波国へ退く。○10月、将軍義稙が前将軍義澄派の放った刺客に襲われ、負傷する。○10月、伊勢貞宗が没する。

一五一〇	永正7	45歳	2月、細川高国が近江の前将軍義澄派を討とうとするが、かえって大敗を喫す。○4月、将軍義稙が後柏原天皇に在国公家衆について苦言を呈する。
一五一一	永正8	46歳	3月、足利義晴（後の第十二代将軍）が生まれる。○6月、細川澄元が阿波国で挙兵し、前将軍義澄と連携して将軍義稙や細川高国を討たんとする。○8月、細川澄元軍が京都にせまったことから、将軍義稙は京都を捨て、細川高国や大内義興・能登畠山義元らとともに丹波国に退く。○8月、このころ細川澄元の擁立する前将軍義澄が薨去する。○8月、将軍義稙が「船岡山の戦い」で細川澄元軍に大勝する。○9月、細川成之（澄元の祖父）が没する。○9月、将軍義稙が京都に凱旋し、一条西洞院の妙本寺に入る。
一五一二	永正9	47歳	8月、将軍義稙が政敵赤松氏（赤松義村）を臣従させることに成功する。
一五一三	永正10	48歳	2月、将軍義稙が赤松氏のもとで養育されていた足利義晴（故義澄の遺児。後の第十二代将軍）と和睦する。○2月、将軍義稙が大内義興・細川高国らと対立し、大内義興の帰国を認めてしまう。○3月、将軍義稙が京都から近江国甲賀に出奔する。○4月、細川高国・大内義興・畠山尚順・能登畠山義元ら四大名が将軍義稙に起請文を提出し、あらためて忠誠を誓う。○5月、将軍義稙が細川高国ら四大名に迎えられ、四大名およびその麾下の将兵三万人を率いて帰京する。○10月、このころ能登畠山義元が領国の混乱に対処すべく帰国する。○11月、将軍義稙が「義尹」から「義稙」に改名する。
一五一五	永正12	50歳	12月、下京に三条御所が完成し、将軍義稙がここに移る。
一五一七	永正14	52歳	4月、将軍義稙が側近畠山順光らに命じ、大和国に侵攻させる。○5月、畠山順光らが奈良を制圧し、京都に凱旋する。○閏10月、将軍義稙が有馬温泉へ湯治に出かけた直後、大内義興が京都から堺に下る。
一五一八	永正15	53歳	1月、義稙弟の勝禅院了玄が死去する。○8月、大内義興が堺から本国である周防国に帰国してしまう。
一五一九	永正16	54歳	11月、細川澄元が阿波国でまた挙兵し、その重臣三好之長に率いられた澄元軍が京都にせまる。
一五二〇	永正17	55歳	2月、細川高国が細川澄元軍に大敗して京都に逃げこみ、さらに六角定頼を頼って近江国に没落する。○2月、将軍義稙が細川高国を見捨て、これまで政敵であった細川澄元のほうと同盟する。○3月、細川澄元軍を率いて三好之長が入京し、将軍義稙に謁する。○5月、細川高国が細川澄元軍に大勝し、三好之長を斬って帰京を果たす。○細川澄元がこのころ没する。
一五二一	大永1	56歳	3月、将軍義稙が細川高国と対立して京都を出奔し、堺、次いで淡路島に移座する。○7月、細川高国が播磨赤松氏の重臣浦上村宗と連携し、赤松氏のもとにあった足利義晴を京都に招く。○10月、将軍義稙が細川高国を討つべく、淡路島から堺に進撃して京都をうかがう。○11月、将軍義稙が堺から淡路島へ退き、次いで阿波国に下る。○12月、細川高国らに擁立された足利義晴が、朝廷から第十二代将軍に任じられる。

一五二二	大永2	57歳	7月、義稙の盟友である畠山尚順が没する。
一五二三	大永3	58歳	4月、義稙が阿波国撫養で薨去する。

【著者紹介】

山田康弘（やまだ・やすひろ）

1966 年、群馬県に生まれる。

学習院大学文学部史学科、同大学大学院人文科学研究科博士後期課程修了。博士（史学）。

日本学術振興会特別研究員などを経て、現在、東京大学史料編纂所学術専門職員。

著書に『戦国期室町幕府と将軍』（吉川弘文館、2000 年）、『戦国時代の足利将軍』（吉川弘文館、2011 年）などがある。

装丁：川本要

中世武士選書　第33巻

足利義稙《あしかがよしたね》　戦国《せんごく》に生《い》きた不屈《ふくつ》の大将軍《たいしょうぐん》

二〇一六年五月二〇日　初版初刷発行
二〇二三年一〇月二〇日　初版三刷発行

著　者　山田康弘
発行者　伊藤光祥
発行所　戎光祥出版株式会社
東京都千代田区麹町一―七
相互半蔵門ビル八階
電　話　〇三―五二七五―三三六一㈹
FAX　〇三―五二七五―三三六五
編集・制作　株式会社イズシエ・コーポレーション
印刷・製本　モリモト印刷株式会社

http://www.ebisukosyo.co.jp
info@ebisukosyo.co.jp

ISBN978-4-86403-191-2